金錢靈氣

來自大天使的*15*堂豐盛課

調整自我意識與金錢間的能量流動，
達到身心靈的平衡

白靈聖芬、子玄————著

目錄

PART 1　金錢能量

第 1 章　✦　金錢靈氣理論

Contents

目錄

 大天使的15堂豐盛課

Contents

目錄

Contents

目錄 ────────────────────────────

Contents

推薦序1

越有愛越有錢

光之鑰伊莉莎白（富到炸靈性金鑰系統創始人）

　　金錢是最高的喜悅振動，給人們無條件的愛。天使則是宇宙最完美愛的化身，這本書同時結合了金錢靈氣與天使訊息，書中滿滿愛的鼓舞與熱情，令人感動，兩位作者一定是天使在人間的分身！

　　身為《天使靈氣》的導師，以及《光之鑰靈性財富系統》的創始人，我認為金錢靈氣的操作方法簡單又平易近人，只要用「意念」去觀想，就能把金錢能量傳送到任何地方，非常符合「水瓶座紀元」簡單快速的品質。如此一來，可以培養人們正向有愛的態度與正確使用金錢的習慣，這將有助於人類金錢集體意識的正向提升，幫助人們從匱乏回到豐盛的完美狀態。

　　金錢的匱乏，就是愛的匱乏，金錢能量就是愛的能量。因此，若是我們心中充滿愛、思想充滿愛，根據吸引力法則，同頻共振、物以類聚的結果，就會讓金錢自動靠

近我們，讓我們輕鬆的擁有金錢。我想這就是金錢靈氣的中心思想吧！

　　天使是宇宙愛的源頭送給人們的禮物，天使訊息為我們帶來希望與正向的鼓舞，在認識自己是豐盛具足的神聖生命的過程中，如果能召喚天使的陪伴與指引，就會像如虎添翼般，幫助人們更順暢的走在人生的道路上，想要獲得豐裕圓滿的人生，真的不能少了天使的陪伴。

　　我自己創始的靈性系統也大多是來自天使的教導。天使從幾萬年前就已經來到地球，不再是人們想像中不食人間煙火的虛幻人物，是能有效引導我們順暢生活的智慧導師，當我們信任天使的引導，美好豐足的人生指日可待。

　　作者為了協助讀者在運作金錢靈氣之餘，還能獲得天使豐盛的意識指引，特地為這本書準備了「大天使豐盛卡」，在金錢和財務層面覺得困惑或焦慮之時，都能立即尋求大天使的指引，真的是非常貼心與實用。

　　很感謝兩位作者邀請我為這本書寫推薦序，深感榮幸之餘，更想感謝兩位作者為全人類的豐盛富裕所做的貢獻。當我們不再把注意力放在匱乏與不足，而是專注和感恩於自身所擁有的豐盛富足，貧窮將會從這個星球消失，讓我們一起繼續努力！

推薦序 2

金錢靈氣是清理和療癒的系統

陳碩菲教授（佛光大學推廣教育中心主任）

　　在這個充滿金錢迷思的現代社會，得知聖芬及子玄老師要出版《金錢靈氣》，讓我感到非常期待，也很高興能為此書撰寫推薦序。

　　靈氣療法是一種通過能量傳遞來達到身心靈平衡的技術。基本理念是每個人都擁有一個能量場，透過調整和修復個體的能量場，可以提升身心靈的平衡，並創造和諧的金錢流動。因此，《金錢靈氣》並不是一個快速致富的系統，而是一個清理和療癒的系統。它幫助我們修復能量場，清理對金錢的負面觀念和卡點，重建與金錢的健康關係。作者在書中詳細解釋了如何通過這個系統來釋放內心的障礙，讓我們能夠更好地與金錢和諧共處，進而實現財務自主。

　　在書中的「大天使的 15 堂豐盛課」，作者將金錢靈氣的實踐方式，結合了 15 位天使的靈性指引，幫助讀者了

解金錢的靈性層面，並運用這些天使的智慧來改善金錢卡
點。每一位大天使的訊息都帶有獨特的能量，啟發我們探
索金錢與靈性之間的深層聯繫。此外，書中附有一套22
位「大天使豐盛卡」。這套大天使豐盛卡不僅可以用於占
卜，也可以作為靈性成長的引導工具。每張牌都代表一位
大天使及其豐盛訊息，使用者可以透過這些牌來尋求靈性
指引，並在日常生活中實踐這些智慧。讀者也可以通過書
中所附的金錢靈氣許願顯化卡，清晰地設立自己的財務願
望，並逐步實現自己的財務目標。

　　本書的兩位作者都有深厚的靈性修為和豐富的實踐經
驗，在不遺餘力的努力下創作了這本書。深深祝福各位讀
者，能夠透過《金錢靈氣》的靈性智慧和實用技巧，獲得
全新的財務管理觀念和方法，進而走向更豐盛、更充實的
人生。

推薦序3

願他的智慧與愛，
帶來光明啟迪

項芸老師（豐盛種子學院創辦人）

　　我想，我上輩子肯定是拯救了一個星球，累積了大福報，這輩子才有幸能得到子玄老師的教導。

　　在我心中，子玄老師是一個覷睇、幽默，活得自然通透，有著深厚學問，懷有赤子之心的「老小孩」，這種特質讓同為有頑童性格的我將其視為心中道心追求的榜樣。想想看，一個像孩子一樣純真的人，卻有著如此深厚的學問，怎能不讓人又佩服又喜愛。

　　我常驚嘆於子玄老師的智慧與洞察力，能夠將深奧的知識以淺顯易懂的方式傳授給我們，他的學問淵博，尤其在奧修與天使等領域更是造詣深厚，所傳授的話語都蘊含著豐富的哲理與真知灼見，總能觸動心靈的最深處，引導我走向內在的和平與喜悅。

　　對於我這樣一個熱衷於身心靈成長的人來說，子玄老

師無疑是一盞指引方向的明燈。

　　每當被人生的種種問題搞得暈頭轉向內心拉扯時（嘿！不要以為當老師的不會有糾結，老師也是人，也吃五穀雜糧好嗎，呵呵……），只要跟子玄老師聊一聊，立馬豁然開朗，彷彿雲開霧散，整個人都輕盈了起來（咳咳……別笑，我說的是心態，不是體重）。

　　在我的人生低谷期，子玄老師的奧修與天使課程成為了我走出迷惘的救命稻草。幫助我打開靈性之眼，讓我能從更高視角的角度來看待生命中的一切，學會接受，學會放下，找回內心的平靜與力量，重新滿血到覺得自己又可以繼續大鬧天宮。

　　可以說，在我身心靈成就的道路上，子玄老師扮演了舉足輕重的角色，起到了重大而深遠的影響。沒有子玄老師就沒有豐盛種子學院的存在，也沒有後續用生命影響生命的故事。

　　技術好學但道心難求，在此，我深深感謝子玄老師對我的啟發與教導，感謝他在我的生命中扮演如此重要的角色，當我處於人生低潮期，是子玄老師的塔羅、奧修與天使課程帶我走出生命的迷惘，能遇見子玄老師這樣的啟蒙導師，是上天賜予我的一份珍貴禮物。

　　很開心子玄老師要將他對於天使的研究以文字書籍的

方式分享於大眾，誠摯祝福大家拜讀後都能獲得啟發。

願他的智慧與愛，通過這本書，傳遞給更多的讀者，帶來更多的光明與啟迪。

祝福子玄老師。

祝福大家。

作者序 1

從金錢的束縛到心靈的解脫

白靈聖芬

　　我出生在一個富裕的家庭，是父母疼愛的掌上明珠。然而，在青少年時期，父親因病離世，母親患了中風，家境因此衰落。這些經歷讓我對金錢產生了深深的恐懼和怨恨。

　　童年時，我經常看到父母因錢爭吵，這讓我害怕金錢。家庭衰落後，給我帶來了深深的不安全感。成年後，我不斷追求財富，努力工作，卻始終無法積蓄。結婚後，投資失敗導致我負債累累，生活陷入困境。

　　這些波折促使我反思金錢在生命中的真正角色和價值。我逐漸認識到，金錢並非評價一切的標準。對金錢的深入思考引導我探索身心靈的領域。

　　進入身心靈的領域之後，我意識到金錢不僅僅是交易的工具，實際上它是一種能量。我開始以新的視角審視金錢。金錢能量的失衡可能影響身體健康，導致疾病的發

生。在心靈層面，這種失衡會導致情緒不穩定、心理壓力增加，進而引起失眠和抑鬱情緒。在靈性方面，金錢的負面能量難以淨化，這阻礙了靈性的覺醒。因此，我決定將金錢的概念納入我的靈性修行之中。真正的智慧在於找到平衡點，既能滿足物質需求，又能保持內心的平靜與喜悅。通過正確運用金錢的能量和堅定的信仰，促進身心健康和靈性的成長。

這個探索過程讓我明白一個道理：金錢不是萬能的。金錢雖然能帶來物質上的享受和安全感，但無法取代我們內心深處真正渴望的東西——愛、快樂和自由。因此，在我的生活中，我不將金錢看作負擔或束縛。相反，我視之為一種信念和靈性能量，它助我實現目標和夢想。我也學會了珍惜身邊的一切美好：家人、朋友、學生、健康和時間。

我認為，這些比金錢更為珍貴。

我曾經經歷從金錢束縛到心靈解脫的自我療癒過程。我相信，只要我們不斷探索和實踐，我們就能在這一過程中找到真我，並獲得的真正的幸福與富足。

金錢靈氣能量

金錢是一種具有靈性的能量。在深入研究金錢的本質後，我逐漸理解了其真正的價值。過去，我將金錢僅看作是滿足物質需求和欲望的工具。但現在，我開始認識到金錢所蘊含的更深層含義。它不僅是交換的媒介，更是能量的象徵。

金錢的能量能影響我們的生活及周圍的人。因此，我們需要學會正確地運用這種能量，實現目標和夢想。我撰寫此書，意在傳播金錢靈氣的概念，幫助人們了解通過調整與金錢的能量互動，我們可以吸引更多的財富和成功。

 ## 金錢靈氣原創者

金錢靈氣是由美國人斯蒂芬妮·布賴（Stephanie Brail）在2005年創立。本書深入探索了金錢靈氣的概念，並將相關理念整理成一系列核心內容。書中闡述了在至善的最高原則下，如何通過金錢靈氣轉化個人的財富能量，並提升地球的金錢頻率。

我希望《金錢靈氣》這本書能成為你們了解金錢能量的有效工具。我深信，閱讀本書之後，你們會領悟到金錢

的真正價值。我期待它能為每位讀者提供一個全面而深入的視角，幫助大家更深刻地理解金錢的本質。

　　然而，我也明白，僅僅閱讀這本書，並不能讓大家完全掌握金錢能量的智慧。因此，我鼓勵大家在讀完本書後，如果有興趣進一步了解這方面的知識，去尋找經驗豐富的金錢靈氣導師來指導和教授。這樣，大家才能真正理解金錢能量的精髓，並更好地運用這些知識來提升自己的財務狀況，進而實現心靈與財富的雙重自由。讓我們共同邁向財務成功之路！

從金錢靈氣到大天使豐盛卡

　　本書由兩位作者合作完成。書的前半部分由我深入剖析金錢能量的概念，後半部分則由子玄老師經由傳訊介紹大天使豐盛課的靈性知識。書中首先探討了金錢能量的基本理念和金錢靈氣療癒的方法，然後轉向對大天使豐盛課的詳細闡述。讀者閱讀完畢後，如果對財務問題感到困惑或迷茫，可以通過抽大天使豐盛卡來尋求高層次神聖天使的指引和方向。

　　通過閱讀本書，不僅可以學習到關於金錢靈氣的知

識，還可以了解到大天使豐盛卡的應用，幫助讀者理解並實踐占卜技術，應對生活中的不確定性。

 ## 致謝感恩遇見

　　我要感謝我的第一位靈性導師，伊莉莎白老師，她點亮了我靈性之光。同時，我也非常感激我生命中的貴人，子玄老師，他給予了我支持與提攜。沒有他的幫助，這本書也無法完成。我向二位表達我的最深感謝和敬意。

　　我也想對在人生道路上給予我幫助的所有人表達最深的謝意。對於那些在我人生旅程中照亮前行道路的貴人和導師，我再次表示感激。

作者序2

金錢靈氣的本質
是內在豐盛

子玄

　　認識聖芬老師，是美好的事情，她是一個樂於共造的人，符合心靈豐盛的本質，因此，我們共同寫了這本書《金錢靈氣：來自大天使的15堂豐盛課》。

　　這些年，金錢能量和靈氣課程如雨後春筍的茂盛，許多心靈學習者趨之若鶩，時任身心靈中心主任的我，也覺得可以引薦金錢靈氣與天使靈氣課程到大學推廣部開課，於是，在一場阿卡西的課程中，我認識了聖芬，然後，就共造了金錢靈氣、天使靈氣、獨角獸靈氣在學校開設課程，我們的合作是愉快的，對於眾生的服務意念是一致的，希望大家把心顧好，體會內在的豐盛，進一步創造自己想要的世界。

　　我教學身心靈相關課程已經20年了，相關東西方哲學、命理、心靈成長都有我傳承的課程，去年在時報出版的《塔羅教典》一書，即是為了塔羅的正知正見傳遞的著

作，受到廣大的好評。隨即，主編問我下一本想要什麼書，我想要一本關於心靈的著作，讓大眾可以解脫煩惱，進入到更高頻率的意識中，現在這個時代，大家最大的煩惱便是金錢課題，所以我想要出一本豐盛的書，以解決人們對金錢的煩惱。

　　金錢的課題是我在這些年諮商中很常出現的議題，已經漸漸追上感情煩惱的趨勢，我想是現代人的當務之急，只是，當我在撰寫的時候，總覺得不暢通，很難成篇，在某一次教學大天使課程的時候，突然有了靈感，我可以祈求大天使的幫忙，用他們的智慧帶領大家看透金錢的表象，迎來豐盛的內在，於是，就有了15堂的「大天使們的豐盛課」在此跟大家分享。

　　大天使的豐盛課，並非全然的通靈之作，他更接近於我每次靜心，接收訊息，聆聽內在，在我的腦中構思，然後逐字逐句地完成的作品，單就內容而言，是純心靈的，請大家安心閱讀，也經常的去思考對答，世界的順暢與否是你思維方式的展現，唯有意識的提升，才可以讓你知道，一切都是對的。

　　我的「金錢靈氣」傳承是來自聖芬老師，有別於網路上宣傳的金錢貪婪與貧窮恐懼，她所傳遞的是向內的正思維、向上接受天使祝福與幫助、向外創造美好生活的靈

氣，跟我教學的方向相當契合，也幫助我釐清某些金錢的議題並更深刻的連結大天使，在此，感謝聖芬老師和金錢靈氣的創始人斯蒂芬妮·布賴，讓此良好的課程傳遞到人間。

　　最後，本書附上了「大天使豐盛卡」，是由我們天使靈氣的同學宣予負責創作圖像，我覺得很有能量和溫暖，很美好的將我接訊和構思內容表達在圖像中，希望大家能夠善用，並且祝福本書的讀者都能善用金錢、創造豐盛、體驗世界之美好。

PART

1

金 錢 能 量

MONEY REIKI

第 1 章

金錢靈氣理論

 ## 金錢靈氣的起源

金錢靈氣由美國的斯蒂芬妮·布賴在2005年創立。17歲時,斯蒂芬妮患上了一種慢性疾病,並在23歲時被診斷出過度疲勞症候群,導致她成為殘障人士。24歲時,她由於長期的借貸和信用透支面臨財務危機。在尋求解決債務問題的過程中,她發現了致富的方法。

斯蒂芬妮透過冥想,接收宇宙傳遞的訊息,得到靈感去創造金錢靈氣系統。金錢靈氣並不是一套令人快速致富的系統,你不會在學完金錢靈氣後立刻中樂透的。

這是一種基於金錢能量的療癒方法。當我們深入探索

與金錢的關係並揭露其背後的原因時,我們可能會發現一些根深蒂固的負面金錢觀念。在療癒過程中,我們需要採取行動來轉變這些觀念。隨著觀念的改變,你會發現自己接收豐盛的能力變得更強。

金錢靈氣分為三個階段:第一階段為金錢靈氣療癒師,第二階段為金錢靈氣大師,第三階段為金錢靈氣宗師(導師)。每個階段的核心目標是不斷提升個人的金錢能量。

金錢靈氣專注於與金錢相關的問題。旨在幫助你擁有更有效的賺錢和理財的能力,以支持你的最高利益。它能轉化所有與關於金錢的負面能量,並幫助提高地球的金錢頻率。金錢靈氣是為了提升整個地球的金錢能量而存在的。

斯蒂芬妮運用了金錢靈氣,從而挽救了她的財務狀況並化解了財務危機,讓自己由負債人生轉化為豐盛喜悅人生。金錢靈氣具有深度的,它是一種真正能夠改變你生命的重要工具。它能改變你的未來,讓你能去做自己喜愛的事情,過上夢想中的生活。我希望大家都能感受這股能

量，讓它如同幫助我（斯蒂芬妮）一樣地幫助大家。

 ## 何謂靈氣

　　靈氣是一種能量輔助療法。人體是一個能量場，一旦該能量場受到干擾或阻塞，便可能導致不適或疾病。靈氣療法旨在通過調整和平衡人體的能量場來恢復健康。近年來，靈氣能量療法已發展出多種不同系統，這些系統的差異在於能量的來源、操作手法和理念。然而，無論選擇哪種靈氣系統，都能為我們的身體和心靈帶來顯著的療癒效果。

　　靈氣是一種透過用手接觸(hands-on)或採用遠距形式的能量療癒方法。一般是透過觀想符號去啟動療癒能量，導引能量的能力可以透過「點化」（attunement）獲得。點化是指一個靈氣大師，把療癒的能力授予他人的過程。

　　在靈氣系統中，點化是一個至關重要的環節。通過靈氣導師的點化，我們能啟動自己的靈氣通道，並與宇宙中的神聖能量建立連接。點化完成後，我們將擁有基礎的靈

氣能量，並能自由地運用這股力量進行自我療癒或幫助他人。

當他人接受療癒時，我們只需專注於靈氣的傳送，接收來自宇宙神聖能量的療癒力量，並把靈氣傳遞給他們以促進身體和心靈的平衡。這不僅提高了雙方的振動頻率，而且整個療癒過程都充滿了光與愛的能量，讓彼此獲得真正的療癒和滋養。

靈氣療癒是一種溫和且非侵入性的療癒方法，目的在增強身體的自然恢復能力，並保持精神的平衡。對於對靈氣療癒感興趣的人，接受正規的靈氣培訓和認證非常關鍵，這能確保他們能夠以安全有效的方式進行療癒實踐。

 ## 什麼是金錢靈氣

金錢靈氣是運用「金錢的靈性能量」（Spiritual Energy of Money）的靈氣。金錢靈氣與致富課程採用不同的方式。相比於財富的顯化（manifestation），金錢靈氣更注重淨化有關金錢的負能量。因此，無論是在使用哪一種致

富、顯化、豐盛的系統，金錢靈氣都能完美地配合。

　　初期，金錢靈氣將致力於清除圍繞金錢的負面問題和能量，從而加強你的能量系統。隨著你繼續使用金錢靈氣，你的能量將變得更強大和更清晰。隨著更多負能量被清理，金錢靈氣將成為吸引金錢的工具。最終，金錢靈氣可以成為強大的金錢顯化工具，無論是為了自己還是他人。

　　我們在金錢上的問題不盡相同，對於不同的人，結果也會有所不同。如果你對金錢積累了不少負面經驗，在顯化之前，你可能需先用金錢靈氣處理這些問題。

金錢靈氣與能量系統

　　我們的身體基礎就是我們的能量系統。一切的身體狀態都源於能量。當個人的能量系統因為不健康的生活習慣，帶來持續的壓力而失衡，最終會以生病的方式來反應。

衍生的負能量會損害能量系統導致損傷，使得能量流動到錯誤的地方。你的身體需要積極的能量才能正常運作。當你有更多的壓力，能量系統更無法正常運作。這最終形成了一個惡性循環。

許多事情會影響能量系統的健康，根據每個人的信念不同，這可能包括整體的靈性健康、與神聖的聯繫、前世因果業力等。如果你有與金錢相關的問題，可能是源自於潛藏在你能量系統中的問題，一切都源於能量系統。

金錢靈氣能夠幫助你，因為它能強化能量系統中與金錢相關的部分。

 ## 正面思考與正面感受

許多致富課程的導師強調，光有正面的思考是不夠的；要創造金錢，還必須伴隨正面的感受。這個方向是正確的，但還不夠完善。

正面的感覺對許多人都有作用，但並非對所有人都有

效。產生正面感受的方法，往往只處理事情的表面，而未觸及根本原因。如果你曾見過某人散發著真誠和積極的態度，這可能是因為他們擁有一個非常健康的能量系統。這樣的人通常會感到更快樂、更健康，也更容易取得成功。

這就是為什麼要運用正面思考與正面感受的想法。通常，能自然而然地保持正面思考和感受的狀態是健康能量系統的表現。

正面思考與感受不僅有助於療癒內在能量系統，也是健康狀態的一種表現。它們同樣能夠促進能量系統的平衡。相反，如果你有負面感受和想法，可能會損害你的能量系統和健康。直接對能量系統進行療癒可以帶來更強大的效果，這正是金錢靈氣療癒能量所提供的。當你在實踐金錢靈氣的過程中，結合正面思考和感受，你將能夠取得更加顯著的成果。

當我們在實踐過程中結合積極行動與感受之後，所能達成的成果會更加顯著。這不僅改善了財務狀況，還提升了個人能量頻率，從而使我們的生活更加豐富和平衡。

更深入了解金錢靈氣

三種與金錢能量相關的不同類型：

1. 個人金錢能量（Personal Money Energy）。
2. 族群金錢能量（Tribal Money Energy）。
3. 金錢靈性能量（The Spiritual Energy of Money）。

斯蒂芬妮・布賴最初的想法是尋找一種清理賺錢和理財能量阻塞的方法。她發現金錢靈氣不僅可以實現這些目標，而且個人的金錢能量也得到了療癒，並且還連接了更為深遠的能量——這就是金錢靈性能量。

金錢靈性能量即是金錢，是最根源的能量頻率——充滿愛、光和慷慨。它存在於靈性層面，是金錢的純粹能量。金錢在這個星球上的能量，經過千百年來負面的做法，被蒙蔽和扭曲，導致遍布陰霾。貪婪、戰爭、貧困及其他濫用金錢所造成的問題，使人們的金錢能量帶有諸多

負面元素。此外，在個人層面——包括你的國家、家庭、
社交圈，都會有自己的金錢負擔。

　　金錢能量是中性的，金錢靈氣能夠療癒金錢的能量，
包括你的個人金錢能量和族群金錢能量。我們希望將所有
能量回歸於金錢靈性能量（光、愛、慷慨）。金錢靈性能
量不同於族群金錢能量，它是金錢能量的最高形式，一種
純粹、無瑕疵的能量，源自宇宙本源。

金錢靈性能量具有以下作用：

1. 它支持每個人，能夠成就他們以最高最好的
   方式賺取金錢。
2. 它鼓勵有道德的運用金錢。
3. 它支持真正的富足，人人都安居溫飽。
4. 它把金錢放在適當的地方。
5. 它可以幫助機構發展到更高的水準，使人們
   減少官僚主義，並在金錢運作上由心靈出發。

金錢靈氣能幫助人們恢復金錢能量的平衡，並引導它回歸與金錢靈性能量的連接。這是金錢靈氣強大之處。當你使用金錢靈氣時，你不僅幫助自己解決金錢問題，也在幫助整個星球。

金錢靈氣與地球

因為金錢系統失去平衡，所以讓你自己繼續貧窮嗎？不！我們要將金錢靈氣運用在能量層面上，協助金錢系統的修復。

每位與金錢靈氣相連的人，都能協助提升金錢在地球上的頻率。你每次使用金錢靈氣時，都有助於提升金錢在地球上的頻率。當地球上的金錢能量得到療癒，纏繞地球的負面意念將變為正面。金錢的能量變得更加積極。而當其他人與金錢互動時，他們會得到積極的感應和啟發，把金錢用在更好的地方。

使用金錢靈氣，可以間接療癒他人對金錢的負面成癮。許多人在談論錢時顯得相當貪婪和無情，隨著金錢能

量頻率的提升，更多人將受到啟發，生活得更貼近自己的
人生道路，並將金錢用於積極的途徑，而不僅僅是為了增
加個人財富。

當我們都將金錢的能量轉化為更高的頻率，自然會更
合理地運用金錢。因此，金錢靈氣的重要性不言而喻。

金錢靈氣與光之行者

正在閱讀本文的你很可能就是一個「光之行者」，是
來到地球，幫助療癒地球的人。金錢靈氣對這類人群特別
重要，其目的之一是幫助光之行者能夠在遵循自己的人生
道路的同時，擁有舒適的生活。這樣，他們就能更好地進
行應當進行的療癒工作。金錢靈氣能夠促進能量轉化，確
保人們在跟隨內心的引導時不會受到經濟上的壓力。

金錢靈氣也有助於讓每個人遵循自己的本性，去做喜
歡做的事情，而不是僅為謀生而工作。這是由於負面的金
錢群體能量所造成的不均衡。如果你在金錢方面一直存在
問題，那麼你很可能是被召喚來的，一起向世界展示一種

新的、積極的金錢管理方式。

　　定期地運用金錢靈氣，可以幫助解決多方面的問題，這不僅有益於你個人的難題，也有助於地球的發展。然而，你需要明白一點：隨著你與內在本性的聯繫日益緊密，你將越來越難以容忍自己財務上的混亂。為了使光之行者的行動更加有效，我們作為一個群體，必須努力將金錢從那些貪婪且缺乏靈性的個體手中解放出來。

　　現在就是時候！

 ## 帶來轉化

　　金錢靈氣的作用並不僅僅是幫助我們迅速顯現大量金錢。它的意義更加深遠，是一種轉化性的能量，旨在幫助地球變成一個每個人都能生活在豐盛之中、貢獻自己獨特的天賦和能力、實現人生目標的指引。金錢靈氣確實可以幫助你顯現一些金錢，但其真正的力量在於深入地處理你的金錢問題。它能觸及問題的根本，從而帶來轉變。

　　金錢靈氣往往會吸引有嚴重財務問題的人。作為金錢靈氣療癒師，我們需要清楚知道我們並不是可以瞬間解決這些問題的財務顧問。財務問題可能來自不同的根源，包括健康問題、財務管理不善、從小孩時代就存在的負面制約、前世業力、靈魂契約、錯誤的職業道路和更多的其他原因。

金錢靈氣指導原則：

1. 我們所有人是被宇宙（神、高靈、或其他，你想稱呼的名號）照顧的。
2. 我們每個人都有一份為人生目標，而存在的特殊天賦。
3. 當我們為人生目標作出承諾時，我們將會在路途上得到不斷的幫助。
4. 明白上述的三點後，最重要是，信任、信任、信任！

　　在使用金錢能量時，你可能會發覺事情變得更加棘手

或更加可怕。因此，你必須堅強，並堅信能量正在運作。信任這種能量，即使在情況看似不佳時，也要堅持運用它。金錢靈氣旨在療癒問題的根源。你可能不必要了解問題的根本原因，或許你會知道它。無論如何，金錢靈氣都能協助你實現改變。

更重要的是：如果你一直不願意或沒有勇氣去做某件事，金錢靈氣將會推動你，促使事情發生。你需要知道的是，如果你面臨財務問題，這就意味著在你的人生中有需要改變的地方。如果遇到突然的變化，你應該更頻繁地運用金錢靈氣，並相信宇宙的力量。正如俗語所說，放手交給上天，你可能會驚訝於接下來所發生的事情。

淨化能量及個人問題

淨化將成為你實踐金錢靈氣的重要環節。為了在財務上真正取得成功（並幫助他人），以下是你可能需要進行淨化的部分事項清單：

一、能量問題

1. 財務業障。
2. 由自己產生的、金錢相關的負能量。
3. 針對自己、來自他人的負能量。
4. 負面的靈體和意念體。
5. 詛咒、降頭和巫毒。
6. 能量吸血鬼（負面的人）。

　　有時，在你不知情的時候，負面思想形體、靈體、能量吸血鬼以及詛咒都可能影響你。這些影響是如何或何時附著於你的已不再重要。它們可能是源於前世某人對你的詛咒，或者甚至針對你的祖先。有時候，問題是由周圍能量所引起的。

　　靈體經常被充滿正能量的光行者所吸引。消極的人群和能量吸血鬼可能會在你不知情的情況下植入乙太管*，吸取你的能量，進而影響你的財運。為了確保你在工作和

＊　乙太管是一個整體的能量管，對於一個人因為恐懼，對於某個人有強烈的執著或負面情緒的時候，鏈接起來的能量束。

生活中保持最佳狀態，這些乙太管是需要被切斷的。

二、個人問題：

1. 財務負擔。
2. 壞習慣。
3. 自我妨礙和自我懷疑。
4. 恐懼。

我們先來討論能量的問題。例如，財務障礙可能是前世殘留的負能量所致。也許你的前世曾經很富有，並且占了別人的便宜。有可能，你現在正下意識地為前世的不當行為懲罰自己。財務負擔是個大問題，它阻礙了你在現實世界中的前進。如果你背負著沉重的財務負擔，你會發現自己難以繼續前行。因此，你需要著手解決你的財務問題。

我們可以把財務負擔劃分為以下類型：

1. 財務債務、未完成的金融業務以及不良資金管理。
2. 情感負擔（原生家庭）對父母親的憤怒、內疚、恐懼、怨恨。
3. 心理負擔、拖延行為、不良習慣以及缺乏集中注意力。

　　我已經簡要概述這些問題，你需要仔細審視並採用最適合你的方法來處理它們。為了達到最佳效果，你應當同時關注能量與物質兩個層面。債務和未了結的金融事務通常是最具挑戰性的部分，它們可能會阻礙你重新開始，但在邁向人生新階段之前，通常需先解決這些難題。隨著金錢靈氣的使用，這些問題會逐漸顯現，必須予以處理或釋放，不容忽視。

　　在你長時間陷入財務混亂後，你需要開始建立自己在財務方面的自信。有時候，僅僅是一個小小的行動就足

以讓你感覺更好。你不僅背負著債務的壓力,還有可能欠
下別人的錢,並因此感到無法償還的愧疚。有時,你可能
沒有辦法找到這些人並償還他們。在這種情況下,你需要
做的是放下過去,原諒自己,並開始新的生活篇章。請記
住:不要忽視這個問題。如果需要的話,就放下它;或
者,開始採取一些小步驟來解決這個問題。

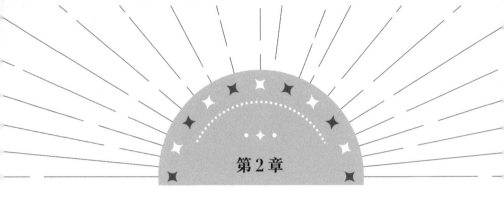

第 2 章

金錢靈氣的應用

在使用金錢靈氣時，你可以採用任何貨幣的符號，如美元（$）、台幣（NT$）、歐元（€）、人民幣（¥）、日元（¥）及韓幣（W）。這些符號不僅可用於吸引來自使用相應貨幣的國家的工作、業務和機會，同時也能提升與這些國家相關的金錢頻率。

 ## 金錢靈氣符號

金錢靈氣易於使用，其應用範圍無窮無盡。你可以根據自己的方式去運用這種能量。傳統上，靈氣的啟動依賴於使用各種符號來啟動能量。啟動這些符號的方法多種多樣，包括觀想、在空氣中用手繪畫、用手指在手掌上繪

畫，甚至用舌頭在上顎繪畫。與這些傳統方法不同，金錢
靈氣的傳遞依靠的是意念而非符號，從而簡化了金錢靈氣
能量的傳輸過程。

金錢靈氣點化符號說明

金錢靈氣符號的使用需通過金錢靈氣大師或宗師的傳
授與傳承。這些特殊的圖案，每個都蘊含著特定能量和作
用，象徵著能量及其流動。使用金錢靈氣符號之前，必須
進行傳授儀式。

一、金錢靈氣貨幣符號

美元符號、台幣符號、歐元符號、人民幣符號、日
幣符號、韓幣符號等都不是傳統的貨幣符號。它們既不是
「神聖的」，也不是祕密的，因為我們看到它們無處不在。
我們使用這些貨幣符號是為了「獲取」其能量，以便更好
地利用和提升我們自己。同時，與之相關的頻率也會提
高。最棒的是，你可以選擇世界上任何通用的貨幣符號來
為自己所用。

以下是常用的金錢貨幣符號：

當你運用這些符號時，應將靈性能量融入其中，並想像它們散發出白色或金色的光芒。

美元符號	台幣符號
$	NT$
歐元符號	人民幣符號
€	CN¥
日幣符號	韓幣符號
¥	₩

二、黃金金字塔（The Golden Pyramid）

　　黃金金字塔是一個立體符號，它完全由黃金構成。這個金字塔通常會按順時針方向旋轉。黃金金字塔不僅用於清理圍繞金錢的深層業力問題，還被用於進行點化，幫助人們提升財富能量和意識。

　　若要清除業力問題，可以使用它進行遠距療癒。請求清除任何金錢業障或契約。想像金色金字塔的底部，將個案的金錢業障或契約吸收進金字塔內部。然後轉化它們，並從金字塔頂端釋放，噴灑出金色的金錢雨至個案身上。

黃金金字塔

三、顯化符號（Manifestation Symbol）

這個符號(這些符號是需要經過靈氣老師的點化傳承才可授予的)可以幫助顯現你想要的事物。首先，在一張紙上寫下你希望得到的東西，然後畫上顯現符號。接下來，將這張紙放入金錢靈氣盒子中。

此外，你還可以使用這個符號來吸引各種事物，例如個案、金錢等。為此，請舉起雙手，手掌朝上，接著，想像顯現符號在你的手上振動，從而吸引好運到來。

四、淨化符號（Clearing Symbol）

淨化符號(這些符號是需要經過靈氣老師的點化傳承才可授予的)可用於清除負面的業力。此符號特別適用於實體物品，它可以繪製在任何物體上，例如財務檔案；你可以將符號懸空畫在紙上或使用圓珠筆、鉛筆直接畫在紙上。使用淨化符號，你能夠清除任何你想要淨化的事物，如物品、債務和問題等。

五、肯定符號（Affirmation Symbol）

當進行肯定句時，請使用此符號（適合用於吸引力法則，這些符號是需要經過靈氣老師的點化傳承才可授予的）。例如：「我在財務上是安全的。」

六、宗師符號（Grand Master Symbol）

這是最強大的符號(這些符號是需要經過靈氣老師的點化傳承才可授予的)，它就像是一個金錢磁鐵。它能吸引物件、自己、網站、金錢、或任何東西等，帶來更多的財富和豐盛。

 # 如何使用金錢靈氣

一、將金錢靈氣使用在物品上

金錢能量療癒的方式與傳統的能量療癒不同。你可以使用金錢能量去發送和接收的能量。在發送金錢能量時，你實際上是在傳遞金錢的靈性頻率，為自己或他人送去金

錢的祝福。

　　將金錢靈氣使用在物品以及情景上。例如，如果你在使用電腦賺錢，就把金錢靈氣傳送給電腦。如果你正在找工作，就在所有的履歷表上加上金錢靈氣。最重要的是將金錢靈氣使用在金錢本身。

　　每當你使用鈔票、硬幣和電子貨幣時，請同時送上金錢靈氣和一個祝福。這不僅有助於清除現金上的負能量，還有助於提升貨幣供應的頻率，並祝福使用這些鈔票的人，從而幫助把更多的金錢帶回給你。當你使用現金時，可以簡單地在腦海中說：「祝福你，謝謝你。」此外，也可以將金錢靈氣的概念應用於你的信用卡、借貸卡、銀行存摺、月結單以及其他金融工具。

二、使用金錢靈氣療癒自我

　　一般來說，有嚴重金錢問題的人通常將這些問題的負面影響積聚在海底輪，也就是脊椎底部的能量中心。因此，大部分金錢靈氣療癒都聚焦於海底輪，將能量集中於此處。這有助於個人更好地與大地連接，感覺踏實，並有

效處理金錢問題。

　　能量感知力強的人會注意到，很多需要金錢靈氣的人的海底輪都較弱，需要很多支持。由於海底輪位置靠近人的私密部位，通過媒介或遠距方式傳送金錢靈氣給他人可能會更容易。

1. 為他人使用金錢靈氣

　　可以通過以下媒介：將手放在對方的相片上，或是放在一件代表對方的物品上，或者拿一個玩偶（如一個泰迪熊）來進行遠距離傳送。然後，以金錢靈氣療癒的方式發送能量。

　　通過觀想：想像對方就站在你面前，讓他沐浴在金錢靈氣的能量中。你只需要通過頭頂上方，將金錢靈氣發送給被療癒者。

2. 為自己使用金錢靈氣

　　當使用金錢靈氣為你的海底輪進行療癒時，你可以將雙手放在腹股溝處以傳送能量。此外，也可以將雙手放置在自己的骶椎位置，以此療癒那些承載了眾多過往問題的

背部區域。

　　當使用金錢靈氣來接收豐盛的能量並開放自己接受金錢流動時，舒適地坐下或站立，張開雙臂於身體兩側，掌心向上。觀想金錢靈性能量正從張開的雙手進入你的內在，深呼吸，吸入金錢靈性能量，保持這個姿態並繼續深呼吸。完成後，請記得說：「謝謝你。」

三、製作金錢磁鐵（Money Magnet）

　　金錢磁鐵是用來吸引金錢的物品。請注意，這方法絕不保證中樂透或瞬間暴富。這是幫助你加強金錢的振動頻率，和清除周圍與金錢相關的負能量。

　　找一個物品作為你的金錢磁鐵，最理想的是可以長期攜帶在身上的，例如一條項鏈、一個別針、一個戒指或一對耳環。

製作金錢磁鐵的流程：

1. 先淨化物品。
2. 說明你的願望。
3. 為物品傳送金錢靈氣。
4. 祝福物品。念誦：「我現在用金錢的靈性能量來祝福這個物品，讓它顯現出最好最高的實相。謝謝你。」現在，你可以戴上這個物品。每當覺得有需要，或者有了新的意圖時，再為它注入能量。

四、金錢靈氣盒（Money Reiki Box）

靈氣寶盒（reiki box）或顯化寶盒（manifesting box）是很多人都使用過，並獲得很棒效果的一個工具。我們同樣可以使用金錢靈氣，注入盒子去製作金錢靈氣盒。製作一個金錢靈氣盒類似於製作金錢磁鐵，只需將物品替換為一個小盒子，最好能親自裝飾。這個盒子無需過於華麗，比如使用普通的鞋盒就可以。

靈氣寶盒的流程：

1. 先淨化盒子。
2. 裝飾盒子。
3. 寫下意圖。
4. 為盒子傳送金錢靈氣。
5. 祝福盒子。念誦：「請讓它實現一切，以顯化最高最好的實相，謝謝你。」

　　當擔憂金錢問題時，你可以把憂慮寫在紙條上，並將其放入一個盒子裡，相信宇宙或神聖的力量會守護它們。定期地檢查這個盒子，並移除那些已經實現的願望紙條。例如，你可以寫下這樣的紙條：「請照看我的車子貸款。」當這件事處理完畢後，在原紙條背面寫上表達感謝的話語。接著，你可以選擇燒毀這張紙條或用其他方法處理它。

五、財務祝福（Financial Blessing）

當許多靈氣療癒師看到這裡時，他們都會想為個案提供金錢靈氣療癒。我鼓勵大家在認為合適的時候，為這些服務收取合理的費用。這可以作為一個服務項目，為個案提供一個金錢祝福儀式。

注意：請不要占那些為金錢掙扎的人的便宜，不要用這個金錢祝福花言巧語的給他們承諾，然後向他們收取過高的費用！這不是金錢靈氣能量的用途！還會導致許多失望的個案。這能量不能被用於實現樂透中獎，所以請不要承諾這些。

你需要製作一個金錢靈氣盒，以進行完整的金錢祝福。金錢祝福是為了解決個案的一個特定問題。請事先確保個案確定他們的問題或需求，這些問題通常應與金錢相關，而不是為了實現沒有具體用途的大筆金錢。例如，不應只是「我想要一百萬美元」，而應更合理地設定目標，比如「我希望準時支付我的月度帳單」。

靈氣寶盒的流程：

1. 先在紙條寫上個案的真實姓名和問題。
2. 透過傳送金錢靈氣到紙條上，把能量傳送到問題上。
3. 把紙條放進金錢靈氣盒。
4. 進行金錢靈氣療癒。
5. 等待一個星期。

　　可以每天為金錢靈氣盒，注入更多的金錢靈氣能量，以增加所有金錢祝福的力量。

六、世界金錢冥想 (World Money Meditation)

　　此冥想是一個美妙的能量貢獻方式。這裡所描述的僅是一個簡單的大綱，讓我們開始——其餘的則有待你的想像力和遠見來補充。

　　舒適地坐下或躺下，深呼吸幾次。觀想地球，想像

金錢靈性能量包圍並籠罩著整個地球，輕輕掃去貧困、貪
婪、匱乏和唯物主義。讓金錢靈性能量像細雨般灑落，各
種貨幣符號閃爍著金光，均勻分布給每個人——無論是貧
窮的、飢餓的還是生病的人。觀想每個人都轉化了；每個
人都得到豐足，飢餓的人得到溫飽。各機構都轉化為人性
化的機構。每個人心中的世界都是和平的、幸福的，充滿
愛。

 # 點化

一、點化的種類

有三種不同的金錢靈氣點化方式：

1.金錢靈氣療癒師點化（一階）

一階點化，你將收到美元符號或者是你需要的貨幣符
號（例如台幣、人民幣、日幣、韓幣等等），把金錢靈氣
能夠作用在自己、別人和其他物件。

2.金錢靈氣大師點化（二階）

二階點化，你將收到歐元符號或者是你需要的貨幣符號（例如台幣、人民幣、日幣、韓幣等等）、顯化符號和黃金金字塔。可以為自己和他人進行金錢靈氣點化。

3.金錢靈氣宗師點化（三階）

三階點化，包括淨化符號、肯定符號、宗師符號，並擁有一階及二階的能量符號，還能傳承金錢靈氣之教導。

二、進行點化

在進行金錢靈氣點化時，無論是面授還是遠距，都遵循相同的步驟。首先需確保與接受者的高我建立連接，然後邀請與天使長拉斐爾（Archangel Raphael）以及金錢梵天（Money Devas）建立聯繫。

你可能好奇，為何選擇拉斐爾而非麥可（Michael）或其他大天使。這是因為雖然拉斐爾過去並未特別與金錢或豐盛聯想在一起，但他負責療癒，而金錢靈氣正是一個療癒系統。最終，是由拉斐爾和金錢梵天共同完成點化的過程。

三、金錢梵天、大天使拉斐爾和大天使麥可

進行深層的金錢靈氣淨化和點化時，你需要與指導靈和天使合作（時刻向光明請求指引）。金錢梵天是協助運用金錢靈氣的指導靈，請他協助進行淨化和點化。

此外，在進行點化時，你不僅需要請求大天使拉斐爾進行淨化，還要邀請大天使麥可協助清除負面業力。如果需要要清理契約、詛咒、靈體和乙太管，可以請求金錢梵天和大天使麥可前來處理，並提供防護。

四、金錢靈氣須要進行點化與傳承

關於金錢靈氣的運用，必須由經驗豐富的金錢靈氣大師進行指導和傳授，我們才能啟動自身的能量通道，並與宇宙的能量建立連接。

完成這一過程後，我們將獲得基礎的靈氣能力，進而可以自由地利用這股力量來療癒自己或幫助他人。

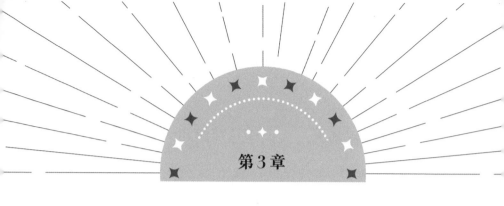

第 3 章

使金錢靈氣
成為日常生活方式

 ## 轉化個人金錢能量

你可以通過生活體驗來感受金錢的靈氣能量。這並不意味著它能立即解決你的財務問題，但通過持續和規律的實踐，你應該會逐漸看到你的財務狀況有所改善。當你在使用金錢靈氣調整你的能量系統的同時，你也應關注現實世界的事務。努力處理債務，繼續運用金錢靈氣，可以幫助你療癒個人的金錢能量。

 ## 能量貢獻

能量貢獻（Energetic Tithing）是一種通過奉獻時間與

能量來回饋和幫助他人的方法。

當你全心投入能量貢獻時，你就是在把你的愛的頻率傳送給宇宙。這種行為可以在現實世界中實現，例如擔任慈善機構的志願者、幫助有需要的鄰居，或在沙灘上散步時撿拾垃圾。在靈性層面，你可以為他人進行冥想和祈禱、能量療癒或其他形式的能量工作。

這裡有幾個簡單的方法去調整能量貢獻的心態：

1. 睡前花幾分鐘時間，為他人的福利去祈禱或發送能量。可以是為朋友、家人、無家可歸的、飢餓的兒童、世界。

2. 觀想自己希望實現的事物：比如觀想自己身處豪宅，花幾分鐘時間觀想有需要的人獲得該豪宅。

3. 當你走在大街上時，觀想你在發送一場帶著金色療癒能量的細雨給大家。

 斷捨離

斷捨離（Giving Things Away），整理好你自己的人生。你需要清理舊物以騰出空間，這樣才能容納新的事物。

例如，如果你需要新衣服，可以先瀏覽一下衣櫃，把不再適合自己的衣物清理出來。在這個過程中，你可以加入一個步驟，即用金錢靈氣來祝福這些衣物或其他物品。這樣做，不僅可以幫助你釋放空間，還能為新事物的到來做好準備。當你整理衣櫃時，收集那些你不再需要或不想要的物品，這樣有助於為新事物騰出空間。

將金錢的靈氣傳遞給每一件物品，並祝福它們能為收到的人帶來幫助與快樂。懷抱著愛心，你可以將這些物品捐贈給慈善機構，或是贈予朋友。養成定期使用和回收自己物品的習慣。不要讓物品在你的抽屜和衣櫃裡閒置。例如，使用耶誕節收到的珍貴身體乳液，閱讀書架上塵封多年的書籍，完成你懸而未決的事業，這些行為都能為你的能量流動帶來新的活力。

 流動

流動（Outflow）的概念對正在找工作或經營業務的人尤其重要。這個簡單的運作原理如下：流出的越多，流入的更多。

在找工作遇到困難時，這時應該增加你的人脈流動。會見更多的人，參與更多的社交活動，並提交簡歷。如果你有自己的生意但發展緩慢，應當開始積極向外界推廣。通過散發積極信號，你可以激發能量。接著你會發現，當你傳遞積極力量時，成功會以不同的方式奇蹟般地回報給你。

對於你所熱愛和懷有理想的事物，要積極採取行動並為之努力。當你全身心投入，並逐步實現它的時候，你會自然地吸引他人來幫助你和支持你完成這一理想。切記：把金錢靈氣用在流出所用的所有物品上！

做自己熱愛的事情，金錢自然會流動。現在就對自己的夢想做出承諾，並立即採取行動。沒有什麼比這更有效地吸引資金、人才和資源了。愛本身就是世界上最好的吸引力。

使意圖清楚

金錢靈氣的部分目的，是為了幫助人們活出真正的人生道路。你會發現，越來越難以繼續做自己不喜歡的工作，而更容易遵循內心的渴望。

 然而，你仍然需要非常清楚地知道自己想要的是什麼。以下是一些可以嘗試的練習：

1. 你5年後會在哪裡看到自己？
2. 你真正想過的生活是什麼樣的？
3. 如果你目前無法做讓你有熱情的事，哪些事情可以讓你有熱情，又可以讓你實現人生目標的？
4. 你希望與誰一起工作，以及在什麼樣的環境中工作？
5. 你真正想要的是什麼？卻害怕承認？

致力於使意圖清楚，並相信宇宙將帶給你所需！然後，人生將變得很神奇。

金錢靈氣療癒實例分享

 能量布施帶來幸福和喜悅——
體重管理師洱兒分享

　　生活中的每一次付出，都會以某種形式回報給我們。
這種回報或許並非物質的，也可能不是立竿見影的，但它
總是存在的，只是我們需要懷揣一顆感恩的心去感知它。
我熱愛能量布施，因為它能給人們帶來幸福和喜悅。

　　記得有一天，我在便當店等待取餐時，感覺時間有
些漫長，於是我決定進行一場金錢雨能量布施。我閉上眼
睛，將我的祝福和愛心傳遞給了老闆的食物，期望它們能
讓有緣人在品嘗後感受到幸福、喜悅、愉悅和健康。

　　令我驚訝的是，完成金錢雨後，便當店的生意突然變得異常火爆。原本顧客寥寥無幾的店裡，突然間人頭攢動，路旁的行人被吸引進來購買便當。甚至有些原本只詢問有無素食的人也進店裡選購青菜類食品。老闆變得異常忙碌，但他仍然禮貌有耐心。看著人們臉上洋溢著喜悅的表情，我也感到無比欣慰。

　　這讓我再次見證了愛和關懷帶來的幸福。我相信，這一切都是因為我對食物的祝福和愛心的傳遞，讓更多的人感受到了幸福和喜悅。我衷心感謝宇宙，讓我有機會成為這一切的一部分。我相信，只要我們用心去愛，用心去付出，那麼我們就能獲得更多的幸福和喜悅。

金錢磁鐵為我帶來買氣── 飾品老闆薇薇分享

　　作為一位在市場擺攤賣飾品的小商販，我深知生意的起伏波動。有時，我會賺得盆滿缽滿，而有時卻連攤位費都賺不回來。就在這樣時好時壞的日子裡，有一天，一個朋友來看我，她發現攤位雖然吸引許多顧客，但實際購買的卻很少。

　　於是，她建議我嘗試一下金錢靈氣，看看是否能夠增加買氣。起初，我對這個建議半信半疑，覺得這怎麼可能呢？做完金錢靈氣後，生意就會變好了嗎？然而，無奈和好奇之下，我還是決定試試看。於是，我請教了一位老師，讓她為我施行金錢靈氣和金錢磁鐵，以招攬貴人和財氣。做完金錢磁鐵後，我將手鏈和項鏈戴在身上，期待著生意的好轉。沒想到，僅僅過了兩三天，我就發現購買的人慢慢增加了。原本只是隨便逛街的人也紛紛掏出錢包購買飾品。

　　現在，我幾乎每兩三天就要去補一次貨，這真是太神奇了！如今，我也學會了金錢靈氣，並隨時隨地為自己施行金錢靈氣。同時，我還常常為我的攤位布施靈氣，希望每一位前來的顧客都能開心喜樂。

　　在此，我要衷心感謝老師的教導與指點。總之，金錢靈氣為我帶來了意想不到的買氣，讓我的生意變得更加興隆。我相信，只要我們用心經營，再加上一些神奇的力量加持，生意一定會越來越好！

神奇的金錢靈氣點化──
股票分析師優優分享

在這個充滿生機與神祕魅力的金錢靈氣點化課程中，我有幸成為了一名學員。從課程開始，我便感受到了一股強烈的熱情與能量，仿佛整個教室都被這股神奇的力量所籠罩。

在金錢雨的環節中，我看到了幾位財神爺躍然而出，他們手舞足蹈，臉上洋溢著喜悅與歡樂的神情。我感受到了一股強大的能量在我手中流動，就像不斷有東西傳遞到手心。這種感覺非常神奇，讓我真切地感受到金錢的能量。當我將手舉起來時，我感覺到手中的重量越來越重，仿佛我真的擁有了一筆巨大的財富。

點化即將結束時，我突然看到了一片閃耀的白金光芒，它照亮了我的眼睛，讓我想起了金錢梵天。這位偉大的揚升大師教導我們如何運用金錢療癒的力量來幫助他人，實現自己的夢想。在這個瞬間，我深刻地體會到，金錢靈氣課程所傳達的核心理念：通過激發我們內在的潛能，我們可以更好地掌握金錢的力量，為自己和他人創造

更美好的未來。

金錢碎片的療癒──
音叉療癒師王華分享

在協助同學進行金錢療癒的過程中，我感受到了一股愈發強大的能量。當我開始傳遞金錢符號時，我的手甚至會感受到一種麻麻的感覺。而當黃金金字塔和黃金線圈灑下金錢雨時，奇蹟發生了。

突然間，兩個小財神或小天使出現了，他們一組一組地扛著寶盒和財富送到同學面前。我簡直不敢相信，如此美妙的事情竟然發生了，而且畫面也太可愛了吧！同學打開寶盒查看裡面的東西，確認是金錢後便欣然收下。不久之後，同學的腳邊就堆滿了金銀財寶！

更令人驚奇的是，一個金勺子突然出現了，說是要給同學的。只要她拿著金勺子去外面撈到的東西，回來都會成為她的財富。當時我心想：這也太神奇了吧！

這次的金錢碎片療癒，不僅讓同學們受益匪淺，也治

癒了我。那些小財神送寶盒、財富的畫面實在太可愛了，整個過程充滿了趣味和驚喜。

朋友的財富復甦之旅——靈性畫家凱倫分享

在人生的旅途中，我們都會遇到一些挫折和困難，其中最讓人心痛的莫過於失去的財富。

我的朋友一直對過去失去的財富感到痛苦，於是，我決定用金錢靈氣「遠距療法」來幫助她。這是一種通過心靈投射，將過去的事物帶到現在的方法。我閉上眼睛，深深地呼吸，然後開始將朋友投射在眼前。

我看到了一幕令人驚奇的景象：許多金色的東西從空中飄落下來，落在朋友的身邊。這些金色的東西慢慢地，變成了一件金色的長袍，將她完全包圍起來。我感到一股強大的能量，從她身上散發出來，我的手開始麻麻的，身體也開始發熱。我知道，這是金錢雨即將到來的預兆。

果然，下一刻，一場金色的雨開始傾盆而下。當雨停

下來時，我發現朋友的腳邊堆滿了金幣，那些都是她過去
失去的金錢。看到這一幕，我深深地相信，朋友過去失去
的金錢都會一一回到她的身邊。

在這個過程中，我感到一股股的能量不斷地湧來，仿
佛我也被大大小小的金幣砸中。雖然我不會感到疼痛，但
這種被錢砸的感覺真的讓我感到非常開心。

接著，我看到朋友的金錢樹。我發現樹幹有些細了，
於是我用金錢靈氣去澆灌這棵樹，讓它越來越大，枝葉越
來越茂密。我相信，這棵樹一定會變得更加粗壯和強壯。
朋友能夠拾回金錢能量，讓生活越來越豐盛喜悅。

 **金錢靈氣的能量真的很強——
精油療癒師玲子分享**

金錢靈氣的能量，如同一股強大的磁場，無法忽視。
在協助個案進行療癒的過程中，我感受到手掌中湧動的熱
流，仿佛有一團火焰在其中燃燒。儘管我所在的地方，溫
度相較於其他地方顯得偏低，但我卻並未感到絲毫寒冷。
我能清晰地感知到，那股能量在個案的身體中流動，如同

一條生命之河。

　　個案告訴我，他曾經有過一段時間感覺手部麻木。我笑著回應說，那會不會是我在進行金錢雨儀式的時候呢？因為我在那個時候，想像著大量的金錢如雨點般砸向他。最後，我給個案傳遞了一個訊息：「相信你是豐盛的」。療癒結束後，我滿懷信心地認為，個案的願望一定會實現。那種滿心歡喜的感覺，讓我感到無比愉悅。

金錢靈氣療癒之正向力量——
水晶療癒師小樂分享

　　在人生中，我們都會遇到各種挑戰和困境。這些負面情緒和能量可能會對我們的身心健康產生不良影響。然而，我最近的一次金錢靈氣療癒體驗，讓我深刻地感受到了正能量的力量，也讓我對生活有了新的理解和感悟。

　　那是一個寧靜的午後，我舒適地坐在沙發上，讓同學為我進行金錢靈氣遠距療癒。我能明顯地感覺到一個金字塔形狀的能量場正在吸收我的負面能量。這種感覺非常奇特，像黑旋風不斷的將那些負面的能量，一點點地吸往

金字塔的頂端化到光中。金字塔灑下金錢雨和金錢符號，我能真切地感受到這股能量，在我的身體中流動，它像一股溫暖的暖流，從頭頂流入身體，然後慢慢地流向四肢百骸。我感覺自己仿佛被重新充電，全身充滿了活力和力量。我感到非常輕鬆和愉快，仿佛所有的壓力和困擾都消失了。

　　這次金錢靈氣療癒的體驗，讓我深刻地感受到了正能量的力量。我明白了，我們的身心是相互聯繫的，當我們的內心充滿正能量時，我們的身體也會變得更加健康和強壯。

顯化財富與成功──
行銷經理蘇菲分享

　　作為一個在外地工作的人，過去我總是擔心錢不夠用或者又要花錢了。但是自從學習了金錢靈氣之後，我發現我不再一直擔心錢不夠用的事情了。每天為自己施做金錢靈氣，會不自覺地產生一種非常豐盛、愉悅的感覺。金錢靈氣讓我的能量場變得更加豐盛，讓我願意去開拓能夠賺錢的事業，不再害怕失敗和風險，現實生活中我真的變得

越來越豐盈了！

　　金錢靈氣可以幫助我，將散亂的金錢碎片回歸到一起。在過去，我經常感到自己的財務狀況不穩定，總是有一些零散的支出和收入。然而，通過金錢靈氣的療癒，我可以將這些碎片重新整合起來，形成一個更加穩定和有序的金錢能量場。這樣一來，我就能夠更好地管理和規劃我的財務，避免不必要的浪費和損失。

　　金錢靈氣可以讓我的錢能量更加顯化。在學習和實踐金錢靈氣的過程中，我逐漸意識到，金錢不僅僅是一種物質交換的工具，更是一種能量的流動。通過金錢靈氣的療癒，我可以將我的金錢能量提升到一個更高的層次，讓它更加明顯和強大。

　　每天為自己施做金錢靈氣，我會感受到一種內心的平靜和富足。這種豐盛的感覺不僅體現在物質上，更體現在精神和情感上。我相信這是因為金錢靈氣，讓我與自己的內在財富，建立了更加緊密的聯繫，讓我意識到自己本身，就是一個富有的存在。這使我能夠吸引更多的財富和機會進入我的生活，實現財務上的成功和滿足。

從無知到覺知的轉變——
金錢靈氣老師艾瑪分享

　　在接觸金錢靈氣之前，我對金錢的理解僅停留在表面，對其充滿了排斥和不喜歡。然而，學習金錢靈氣後，我逐漸明白這種情感的根源來自於成長經驗、內心未被療癒的部分、前世的契約、事件以及集體意識的牽引等等。此外，自身的頻率高低和能量場的淨化程度也會影響吸引金錢豐盛的能力。

　　金錢靈氣的學習讓我有了覺知能力，能夠觀察和調整在生活中對金錢的負面信念和情緒。將學到的金錢靈氣點化符號，每天清理自己的能量場，這使我能夠更好地理解和接受金錢的重要性。

　　學習金錢靈氣後，我漸漸感受到金錢靈性能量，是宇宙本源的能量，對金錢的感覺不再像以前那樣排斥。我甚至偶爾會收到一些意外之財，這讓我更加確信金錢靈氣的力量。同時，我在金錢的使用和個人財務管理上也變得更加理智和清晰，不再像以前那樣衝動和混亂。

　　在我的生活和工作中，我將金錢靈氣符號，運用在我希望成功的特定事件上，以幫助顯化。我也將金錢靈氣，應用在正式的療癒個案前，通過金錢符號施展出的能量，調頻個案的頻率和能量場，快速地清理和淨化，以便讓個案在之後的療癒過程中能更順利、更順暢地接收能量。

　　在我療癒的個案中，大多數個案都能在體感上，感受到金錢靈氣符號的強大力量。他們能感受到低頻能量被帶出，頭部或身體發熱等感覺，這讓他們對金錢靈氣，有了更深的理解和信任。

金錢靈氣之心靈成長──
咪寶媽媽分享

　　這個課程不僅是一次學習金錢靈氣的機會，更是一次深入探索自我和內在世界的旅程。通過學習金錢靈氣的技巧和原理，我逐漸明白了金錢的真正價值以及它在我們生活中的重要性。

　　在課程中，導師以生動有趣的方式向我們介紹了金錢靈氣的基本知識。講解了金錢靈氣的起源和歷史，並分享

了一些成功的案例和實踐經驗。這些故事讓我深刻地感受到了金錢靈氣的力量和影響力。

除了理論知識，課程還提供了許多實踐機會，讓我們能夠親自體驗金錢靈氣的效果。在實踐環節中，我們學習了如何進行金錢靈氣的能量調理和點化。透過這些練習，我感受到了內心的平靜和寧靜，也體會到了金錢靈氣對身心健康的積極影響。

這個金錢靈氣課程，為我打開了一扇新的大門，讓我重新認識了金錢的價值和意義。我將繼續努力，將這些知識和技巧應用到我的生活中，以實現自己的財務目標和心靈成長的目標。

自我確認的力量——美容店長芳姐分享

在上金錢靈氣課程時，我深刻地感受到了自我確認的力量。每時每刻，內在的高我都輕聲提醒著我：「我值得擁有一切美好事物，我允許一切地發生，因為每個當下自有它的美好。」這種自我確認讓我在面對生活中的各種人

和事時，都能保持一顆平靜的心。

　　無論是晴天還是雨天，無論是任何人、事、時、地、物，我都相信一切都有宇宙法則的安排。因此，我可以很安心地接收豐盈，打破所有的自我設限。因為我值得這份美好，也因為這份宇宙本源的愛，我開始更加珍惜自己，心懷感恩地祝福身邊的每一個人。特別是親愛的家人、朋友、同事、客人、每刻碰到的陌生人，乃至世界各地所有的人，因為我相信，所有的人都值得宇宙美好豐盈的祝福。

　　隨著時間的推移，我發現吸引力法則的真實性，開始在我的生活和工作中顯現出來。好運和心想事成，總是比身邊的人多了一些。這讓我越來越感受到，金錢的豐盈能量，也讓我有了更多能力，去服務更多的生命。

　　在這個過程中，我學會了如何與自己的高我溝通，如何傾聽內心的聲音。每當我遇到困難和挑戰時，我都會告訴自己：「我值得擁有這一切，我有能力克服這些困難。」這種自我確認讓我變得更加自信，也讓我更加勇敢地去追求自己的夢想。

　　同時，我也學會了如何將這種自我確認傳遞給他人。當我遇到身邊的人需要幫助時，我會鼓勵他們相信自己的價值，告訴他們：「你值得擁有美好的生活，你有能力實現自己的夢想。」這種正能量的傳遞，讓我感受到了無比的快樂和滿足。

PART

2

大 天 使 的
15 堂 豐 盛 課

MONEY REIKI

大天使聖德芬

肯定自我，你活在自我創造的世界中

大天使聖德芬 Sandalphon
你的體驗由你創造

主講：大天使聖德芬（Sandalphon）

　　各位朋友們，很高興來跟大家分享關於大天使的意識，我是大天使聖德芬，我跟我的兄弟大天使麥達昶，共同引導大家邁向新的紀元，但其實，我不只是麥達昶的兄弟，也是你的兄弟，我曾經在地球上生活過，體驗著人世間是美好創造，因此，我充滿著對人類的愛，我是你們的知己，我願以大天使的意識，帶領大家成長，這一系列的文章，我們將揭示並分享關於豐盛生活、金錢意義和愛的能量。

　　雖然這本書是以金錢靈氣為題，但這十五堂課，將會以豐盛做為主要表述目標，因為只有真正的了解靈性豐盛富足，你的金錢創造才是對你有意義的，而唯有你的心靈意識提升了，你才能真正意識到你本自富足，才能夠正確的使用金錢靈氣，幫助你在人世間豐富自己的生活。

　　現在讓我們進入第一堂課，肯定自我和確認自我。你們之中的許多人，應該已經了解或聽過「吸引力法則」，但你們其實並不完全了解所謂的吸引力法則是什麼？或者，你並不肯定，因為，如果你完全了解吸引力法則，你

就會知曉，你目前的生活，就是你所有意識的集合創造，沒有任何瑕疵的，你體驗的一切，就是你完整的意識創造出來的，這裡當然包含了潛意識、表意識、深層潛意識、集體潛意識和阿賴耶識等，每個人的世界都由自己完整的創造出來，並且體驗著美好或恐懼。而唯有當你完全體認了這一點，或者，肯定了這一概念，你才有可能真正的邁向豐盛的世界。

因為，任何你所創造的東西，你才有改變和修正的可能，如果你的體驗來自於靈魂的設定、命運的指引、神明的指示或其他人的控制，那麼，就表示你學習的再好，也不見得能修正，因為你的命運是受外力影響的，並不掌握在自己的手中，這生命另有其主的概念，是多麼讓人喪氣啊！好在，這個想法並不是真實的，這只是妄念而已，你只有從此刻開始，修正自己的念頭，把對生命的責任回到自身：「我是所有體驗的來源！」那麼，一旦你有不好的體驗，你才有機會改變它，因為，你創造的命運，你便能改變。

我們都是造物主意識的一部份

　　今天，我要告訴你一個真相，真正的意識，只有一個，那是源頭的意識，我們稱之為「神、上帝或造物主」，那是唯一的存在，他創造了這個世界，而我們都是他的一部份，擁有跟他相同的能力。就像你會做夢，夢中的所有一切，都在你的大腦中，你想要有幾千人、幾萬人，便能容納進去，你想要美好或悲傷，夢中都能創造，夢象徵著一種能力，我們與造物主同功，祂能創造這個世界，我們也能創造自己的世界。

　　造物主在這個世界中，並不是單獨的存在，祂是整體的存在，所以，祂分化出大千世界，讓我們體驗，而我們每一個意識，都是祂的延伸。然後，祂給了我們每個意識一個法則，就是「自由意志」法則，你想要在這個世界上怎麼過，完全取決於你自己的意識，祂負責支持你的創造，並不控制你的創造，就像我們做夢的時候，我們並不控制夢中的任何一個角色，而是讓角色自動與我們想要扮演的那個角色互動，而我們以夢中的角色的體驗來感受，夢中那麼的真實，你可能感受到愛、恨、悲、喜，當你在夢中卻不知道自己做夢的時候是多麼的深刻，直到你醒過

來，才發現，原來剛剛的體驗只不過是你腦中幻化的劇本，自娛自樂的劇本。

自由意志說起來就是做什麼都可以，你沒有被禁止做任何的事情，但配合著自由意識的另一端是「因果法則」，這裡的因果並不是宗教上的報應，而是你做了一件事情，會得到一種結果，簡單的概念而已，在此沒有善惡，只是單純的說明。比如，用手捶打牆壁手會痛，而用手拿起水果吃你會有飽足感或甜膩感，吃了東西你得排泄，這人世間的所有事情，一動便有一果，一念便有一個世界，這就是簡單的因果法則，只是你們經常不了解，你們做的事情會產生什麼樣的結果，所以忙修瞎練，經常體驗著你不想要的世界。

雖然說，你擁有自由意志，但由於人類的頭腦需要鍛鍊和學習，一旦學錯了概念，就走錯了路，便產生了自我矛盾和不開心的體驗，然後就覺得是別人造成的，這是很正常的思想行為。但事實上，在我們天使的觀察中，你們的確受到了不同文化和概念的影響，有來自於家庭、家族、社會、族群和政治文化等概念的影響，當然，這其中少不了靈魂的安排，從某個角度上來看，你的確身不由

己，不是你願意這麼想事情的，是別人教你的。但我現在
要告訴你的是，你該覺醒了，就算你無意識的接受別人的
意見傳承，但體驗生活的仍然是你自己，從完整意識體的
角度上來看，你就是那個創造體驗的人，而別人，包括父
母、老師甚至媒體大眾，給你的只是思考的素材，而你接
受了，你便這麼思想這麼做，你接受了所發生的體驗，是
你的自由意志。

做個簡單的例子，我們的父母或社會都告訴我們人需
要工作，而你的確去找了一份工作，你的工作你很喜歡或
是很討厭，都有可能，但你為什麼要工作，許多人想都沒
有想過，但不管你有沒有想，你都在行使自由意志，執行
工作這個體驗。當然，有些人會認為，你不可能不工作，
這是沒得選的，你需要錢過生活，否則你會餓死，但其實
我告訴你，不工作也不會餓死，其中一種情況是當遊民，
你有一種可能性是選擇當遊民，你只是沒有選擇而已，這
個選項是開放的，並沒有封閉，你沒有選擇當遊民並不是
因為上帝不允許，而是因為你有你想要的生活方式，所有
你選擇了並體驗了工作和賺錢的生活，而你永遠都有一個
開放選項，是去當遊民，所以，你是擁有自由意志的，包
括你的婚姻、交友、跟父母的關係，還有這本書的主題，

金錢靈氣的體驗與否，都是你自由意志下的選擇。

　　從此刻起，不論你快樂與否，請先確認一件事情，你所體驗的當下所有的一切，都是你選擇下的結果，因為，你永遠都有別種選項的可能性，只是你可能不喜歡極端，或者不愛冒險，所有你選擇了現在保守的生活方式，這裡我沒有批判，保守有時候是穩定而安全的，冒險雖然有新奇的體驗，但也潛藏著衝突的可能，所以，你得好好思考，你想要選擇什麼樣的生活。

　　當你開始以自我負責的方式來看待你的世界，你的視野便開始改變了，所有的一切變成是你自己擁有的，而這個時候，我們，神創造的神聖活物，大天使們，便能夠開始幫助你，成為你的兄弟，你的助手、你的導師或你的夥伴。

大天使聖德芬建議你思考的議題

1. 你現在體驗的世界，包括你的工作、生活、感情、家庭與住家，是否是你決定的呢？

2. 如果你覺得不是，從現在起，請負起責任，把你能意識到的一切體驗，都做一遍確認，這是否是你要的。在此，考量是全面的，並不是片面的，比如某人可能不喜歡他的父親，但基於社會和群體和諧等原因，他最終選擇了共同生活把此生功課做完。（當然，你永遠可以選擇逃跑。）

3. 你能否改變意識（想法）以改變你的體驗？

4. 試著去執行一件你喜歡的事情，讓你開始發現，你真實的創造力。

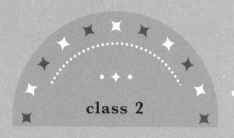

class 2

大天使拉吉爾

拿回你的力量，注意你的焦點，那將影響你怎麼看待世界

IX

大天使拉吉爾 Raziel
發現靈魂劇本
注意成長過程中的各種訊號

主講：大天使拉吉爾（Raziel）

各位朋友們大家好，我是大天使拉吉爾，守護並傳承著上帝的祕法，我經常以老者的樣貌出現，因為這象徵著智慧與沉穩，但其實，我們天使並沒有年紀的差別，有的只是跟人類溝通時，需要出現的影像樣態而已。這堂課，我將告訴你，關於創造，除了吸引力法則和自由意志法則外，你還需要知道的祕密。

首先，當你在看這部書，跟我們溝通，接收著訊息，就表示你知道靈魂意識的存在，我跟你本為一體，但為了體驗這個世界，我們必須分離，分成不同的意識，才能夠互相扮演不同的角色來體驗成長，直到我們醒來，會發現，我們都在上主之中，未曾離去。

在西方，所謂的「聖父、聖子、聖靈」三合一，有許多種說法與概念，在此我傳遞我知道的奧祕。所謂聖父，即是指創造主本身，那永恆的源頭，聖子，便是你，在人世間體驗一切的存有者，聖靈則是你的靈魂，或者說是靈性意識，祂安排了你的劇本，包括你的父母、國籍、生活環境，甚至健康與否、腦袋靈不靈光等一切天生配備，然

後，也安排了你這一生的道路與機緣，你所遇到的老師、朋友、貴人與小人，或多或少都是靈魂事先有幫你安排的，以方便你體驗這個人世間的遊戲。

靈魂（Soul）是造物主的造物，根植於祂內部的靈性的存在，那是祂意識到自我的方式。就如同波浪之於海洋，波浪自然和海洋是一個整體，但唯有一片波浪擁有了自我意識，也就是所謂的靈性，祂才能體認到祂是一片波浪，當然，須臾片刻之後，祂就回到了大海中。

地球，也是造物主的造物，其存在的目的是讓靈魂有地方可以體會靈性的存在，地球像一款線上遊戲，許多靈魂進入到這個世界中體驗各種劇本，以體驗所有的情緒和感受，以彰顯靈性的品質和個性，這都是造物主所樂見的。

 ## 你行使了你的「自由意志」

那麼，如果一切都是靈魂的安排與設計，怎麼會說人類擁有自由意志呢？這便是奧祕所在，讓我解釋給你聽，首先，先想起你是靈魂，你是靈性意識的存在，然後你

要來地球了，這款最時尚好玩，最富有挑戰性的遊戲。接著，你得選擇，你想要經驗什麼樣的劇本，在哪個時代，在哪個地方，你選擇你的父母和家族，你可以看看他們的履歷，有沒有符合你想要體驗的資源，你要不要設定身高、體重、智力曲線等，然後，你要安排你人生中大事件的節點，可能是上小學、讀大學、結婚、工作的公司，也可能是出車禍、生大病或中大獎等，當然，你也會安排你可能的居所，賺錢量的多少或生活的優渥程度，這一切都依序登錄清楚，依據你想要體驗的方式去設定，然後，你便可以投身在地球了，然後開始了你的一生。

　　現在把意識來到你的身體，然後你應該要有一個疑問，如果這一切都是靈魂的選擇，那麼，你的自由意志在哪？第一堂課不是才說明了「自由意志」是第一法則嗎？

　　是的，這便是奧祕所在，靈魂一旦進入了肉身，遊戲一旦開啟，那麼這個新的意識便產生了，這是結合了「聖父、聖子、聖靈」的一個完整的新的意識，靈魂意識的設定僅是他的一部份，更多的可能是，你是安排劇本的導演，而演戲的是那個身體，這個身體的意識決定怎麼演這場戲，他可以照著你的劇本演，也可以亂演，甚至放棄你

的劇本，他自己找出一個新的劇本去演，就像佛陀捨棄了
王子的劇本，走向覺醒的道路。（當然，覺醒的劇本也可
能本就存在。）

　　因此，對於身體來說，你一旦覺醒了，就會發現，聖
靈或許安排了一切，但決定執行與否的，仍然是你，你行
使了你的「自由意志」，才有現在的體驗。當然，許多人
尚未覺醒，只能懵懂的活在設計的劇本中，他的生命仍然
會有事件的體驗，因為靈魂的目標便是體驗地球的生活，
只是這個肉身並沒有自我意識，嚴格說起來，他活著的樣
子像NPC（遊戲中，沒有自由意志的系統角色設定），有
固定的模式和設定，快樂與痛苦是可以被預測的。

　　現在，我的朋友，你已經覺醒了，你可以開始意識到
一切的安排，並且選擇接受與否，當然，你的靈魂通常是
善意的，他想要的是體驗，並沒有要亂搞悲慘世界，選擇
通常是多元的，比如他安排了幾個有緣可供結婚的對象，
你真的不喜歡，還是可以去追求另外的角色，但因為沒有
安排，那通常會比較辛苦一點，甚至，成功的可能性很
低，那是不同於本來設定的道路，所以需得跟對方的靈魂
和當下的身體意識溝通，你要有心理準備。

　　請拿回你的力量，聖靈不是你的操控者，而是和你一起共造，你有選擇劇本的權力，唯有看出這個真相，你的自由意志才得以彰顯，我們大天使將會成為你靈性的夥伴，變成你人世間的夥伴。

　　親愛的朋友，我已經將靈魂與身體意識間的奧祕告訴你，你可以開始把焦點回到自己身上，你彷彿置身於一間公司，靈魂為你安排了所有工作需要的資源、工具與人員，你得決定怎麼運作，當然，你也可以「無為而為」，讓系統自己運作，照著靈魂的劇本走有時也挺輕鬆的，唯一要確認的是，這是你想要的公司，這是你想要的運作方式，那麼，你會體驗到，世界圍著你轉，你開始體驗什麼是真正的吸引力法則。

大天使拉吉爾建議你思考的議題

1 思考你的人生，你的靈魂為何選在這個家庭中出生呢？

2 觀察你的人生軌跡，靈魂為你安排了那些節點？

3 從你的觀點出發，你現在的人生擁有什麼配備與資源，你要怎麼善用它。

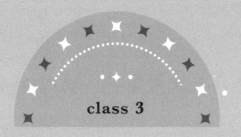

class 3

大天使米迦勒

記著，你本來就豐盛自足

XXI

大天使米迦勒 Michael
你本就豐盛具足

主講：大天使米迦勒（Michael）

親愛的朋友們，大家好，歡迎來到大天使關於金錢的課程，我是你們的大天使米迦勒。這本來是一本關於金錢靈氣的書籍，但因為，金錢只是豐盛的眾多象徵形式之一，因此，在我們進入金錢的話題之前，我們得先認識豐盛，豐盛是更根本的體驗，所以現在，我們要進入以豐盛為主題的課程。

首先，我要確定你的認知，你了解什麼是豐盛嗎？

讓我從一個美麗的故事開始吧！這是關於二十世紀的偉大盲人聽障作家海倫‧凱勒（Helen Keller）的故事，在她出版的自傳《我的一生》（The Story of My Life）中寫到關於理解「愛」的故事。在海倫小時候，蘇利文小姐正在教導她該有的知識，有一天，蘇利文小姐在海倫的手心中寫下「我愛你，海倫」的字句。讓海倫產生了好奇心，「愛」是什麼？老師指了指她的心，年紀還小的她很困惑，著急地問：「愛？是我喜愛的花朵嗎？是和煦的陽光嗎？還是溫暖的微風呢？」蘇利文小姐搖了搖頭。突然，屋外下起了大雨，過不久，大雨過了，透出了太陽

照亮了花園和小草。蘇利文小姐說：「愛，就像太陽還沒出來前，天空中的雲彩，你摸不到雲彩，但你感覺得到下雨。這雨，讓花和大地都感覺到快樂。愛似雲彩般摸不著，但我們卻能感受到愛帶來的甜蜜與溫暖，沒有愛，就不快樂，也不想玩樂了。」

是的，愛是如此，豐盛也是如此。豐盛你內在對愛的洞察力，豐盛是你意識的根本，如果你沒有感受豐盛的能力，那麼，賺再多的錢，擁有再多、再大的房子，你的內在也是空虛的。

豐盛是什麼呢？擁有豐盛的內在是什麼呢？

擁有豐盛信念的人知道，任何來到面前的場景，都是上天美好的造作，他感謝上天創造美好的機緣，因此，在他面前的就算只是半杯水，他仍會感受到愛與豐盛，反之，一個對生命沒有覺察的人，被外物所迷惑，被欲望所驅使，那麼，就算上天給他再多的機會，創造出最美好的風景和豐盛的食物，他卻絲毫感到不到豐盛，因為他只懂得盯著他存簿上的數字，像個機器人似的每天數著鈔票，無意識的他無法察覺這世間的美好與豐盛。

記住，豐盛是當下的體驗，請體認，此時此刻的你便是豐盛的，你體驗的世界是你的創造，是宇宙給你的祝福，你現在所看到、接觸到、感受到的一切都是基於你的意念所創造，這個吸引力法則，是依據你全然意識的創造力，創造你能感受到的世界。所以，請珍視你所體驗到的，你的創造如此豐富，你不可能不豐盛，除非你限制了你的觀點，被僵固的社會或資本主義限制了你的腦袋，覺得錢或物質代表了你的一切，那麼內在的豐盛便枯萎了。

金錢，是你們用以生活的工具之一，但許多人卻把錢視為生活的目標，用錢來代表財富與豐盛，用錢來計算、掂量自己和周圍的人，一旦陷入金錢本位的思考模式，你的頭腦中除了計算之外，真的是毫無樂趣可言，這樣的你是不可能品嘗豐盛的。你只會對著孩子說：「你知道這一餐值多少錢嗎？」你明明跟孩子吃著幸福的晚餐，卻滿腦子計算著錢，還試圖灌輸這錯誤的體驗給你的孩子，如果我是那孩子我就會告訴你：「我知道，這一餐是無價的，因為我跟您的用餐時光是無法用金錢衡量的體驗。」

想像你回到兒童時期，當第一次吃到米飯，第一次拿到糖果，那興奮與幸福的表情，當時的你，沒有被灌輸金

錢的思想，你是如此豐盛的享受當下你被賦予的一切，喜孜孜的臉龐代表你充分感受到親人在替你餵食時，所給予的愛，在你飲食時，充分感受食物的五感體驗，這都是豐盛的象徵。

我要送給你三把鑰匙

我，大天使米迦勒，掌管著智慧的鑰匙，所以傳承智慧之心法給你。在學習金錢靈氣的時候，如果你沒有把握心靈的本質，那麼，在這聲光馳騁的世界中，在這金錢至上主義的世界裡，會消耗你的靈性與本心，漸漸的你失去了智慧的道路，失去了自由意志的選擇權，失去了體會豐盛的能力，那麼，愛與快樂便不再永恆了。

現在，我要送給你三把鑰匙。

第一把是豐盛之鑰，這是從你的頂輪出來的，任何時刻，都要謹記你是豐盛的，就算你已經餓了三天的肚子，這種餓肚子的體驗，也是豐盛的一部份，因為，飢餓也是一種體驗，而且可能會讓你在恢復飲食之後，引發巨大的

滿足感，飢餓是豐盛體驗的一部份，飽足也是。所以，此刻，請對你的當下感恩，並體悟一切豐盛，一旦你擁有了將每個當下都當成豐盛體驗的一部份來覺受，那麼，你的世界就無比美好，而你也能在不久的將來，創造你愛的世界。

第二把是智慧之鑰，這是從你的眉心輪來的，這關乎於意念的調整，有個簡單的例子，當你說：「我需要錢。」就代表你沒有錢，因為需要是匱乏的表現。所以，潛意識專家們建議你可以說「我越來越有錢」，因為當你實際上感覺到沒錢，口中卻說著我有錢，那是一種心靈和體驗的互相攻擊，會妨礙創造。「我越來越有錢」是潛意識的遊戲，偶爾為之是可以，但你最終要清楚，你本來就豐盛，這跟錢沒關係。

你的生命體驗是完整的意識創造，你的豐盛是你所想的都能成真，而你的金錢體驗只是你所有願望的一小部份，智慧之鑰，是開啟你對自我的真正了解，比如傑克沒有很多錢，原因不是他不喜歡錢，是因為他厭倦了用錢交換的人際關係，他不想要那些因為他有錢而來裝親熱的朋友，他嚮往自由的生活，他嚮往漂流的刺激。而曾經，他

有資產與金錢，卻讓他的生活感到侷限，因為資產讓他有了牽掛，金錢讓他充滿匱乏的恐懼，所以，他決定放下金錢與資產，去實現流浪的願望。

有些人說：「人都喜歡錢，人都想賺錢，怎麼可能有人不喜歡錢呢？」這的確可能是一部份人的觀點，我也覺得喜歡金錢是蠻好的事情。但，當你只用錢來做為參考，以錢為唯一價值來看待世界的時候，你可能會有另外的發現，比如，當你變得很有錢，你將會看到周圍人的貪婪，你的家人不再用愛來對待你，而是覬覦你財富所帶來的優渥生活。對於某些想要體驗真愛的人來說，適當的金錢，可以幫助生活更順利，而過多的金錢，卻帶來家人的墮落和覬覦，那麼，他主觀上就不會積極去創造金錢，因為他想要的是誠摯的愛。

而擁有誠摯的愛，就是一個豐盛的人，不管他的錢多或錢少，他體驗到的關係是如此的豐盛，不要再把金錢意識和豐盛意識掛勾了，當你仔細思考，你想要的，從來都不會是單純的鈔票、數字或金錢，而是錢所能帶來的某些事物或體驗，你就不會再執著於創造金錢了。

　　請有智慧的察覺，你為何會匱乏於金錢，也可以反過來思考，其實你根本不缺錢，你缺的是豐盛與愛的思維。

　　第三把是創造力鑰匙，這來自於你喉輪，當你整理好了自己的豐盛思維，確認自己想要的生活型態後，真正從內在臣服於心靈的安排，接受你現在的生活就是豐盛，你現在體驗的一切都是你完整意識的創造，那麼，你就能開始改變，改變體驗世界的方式，一種豐盛自足的方式。

　　有時候，你體驗豐盛的創造力會因為你身邊的人的價值觀或行為而受阻，那麼，可能需要一些分析能力和處理問題的智慧。

　　舉個例子，蜜雪發現他的父母總是以錢來衡量事情，去日本旅遊花了多少錢，去高檔餐廳吃飯花了多少錢，不斷的金錢陳述讓他們忘記了愛與相聚的本質，蜜雪因為潛意識中討厭這樣的衡量方式，間接的討厭了金錢。「為什麼要用金錢來衡量一切？」從討厭金錢的衡量方式，漸漸變成了討厭金錢，這就導致了他在現實生活中賺不到錢。

　　這時候，他意識到了問題，他便可以開始改變，他應

該要反向輸出新的價值觀:「我就是喜歡跟你們一起旅遊的時間,這是我善用金錢的表現。我就是喜歡跟你們一起吃飯的甜蜜,金錢當然是好的,但那不足以衡量我對你們愛的深度。」話語雖然說起來肉麻,但漸漸地,你改變了父母,也改變了自己的潛意識。你的潛意識開始認知,你擁有再多的金錢,也不會改變你愛的本質,那麼,創造金錢就不再需要被阻止。

　　豐盛的生活,即是充滿創造體驗的生活,做任何你愛的事情,或者去愛你所做的事情,這些事,雖然可能跟金錢沒有關係,但你會發現,當你快樂地過生活的時候,金錢的流通常也就會順暢了。

大天使米迦勒建議你思考的議題

1. 對於當下你的生活體驗，你是否有豐盛的認知？

2. 你對於金錢有匱乏感嗎？這個匱乏感從何而來？

3. 在創造金錢這件事情上，什麼念頭、想法或事件卡住了你？

4. 你是否愛著你體驗的世界？答案如果是否定的，請開始去修正你的世界，或至少修正你看世界的方法。

class 4

大天使拉斐爾

健康的金錢態度

XII

大天使拉斐爾 Raphael
請更新你的理財模式

主講：大天使拉斐爾（Raphael）

　　大家好，我是你的療癒天使拉斐爾，我接近每個願意接受療癒的人，也幫助每個期望改變人生的人，當然，這是在你們的自由意志的決定之下，我才能夠到來，凡祈求必回應，但你沒有祈求，沒有同意，做為天使，是不干涉你的自由選擇的，你有選擇人生的權力，當然，這是透過你的思、言、行。

　　大天使拉斐爾透過你的意願來完成你的目標，而這個意願，不是只透過用講的或想的，他有一個完整的流程。首先，你有思想，那是你創造的原始動力，每個念頭都是一個能量起始點，接著，你確認了某些念頭，透過你的表達來確認，你是否真的向世界宣告，這是你想要的，然後，落實到行動中，表示你的確在從事著跟你想要的目標同方向的行為。最後，藉著機緣的成熟，你想要的目標顯化出來。

　　當然，這是指在正常的情況之下，我們創造豐盛和金錢的方法，特殊的人生體驗或奇蹟，並不在此篇章探討的範圍中，而這就是我教導各位的，健康的思想與生活

方式。

　　承繼著米迦勒來的訊息，你的生命本自豐盛，而如果你沒有這麼樣的感受，或者，你覺得豐盛跟你的生活明顯是不相匹配的，也就是，當你閉上眼睛冥想的時候，你感受心靈豐盛，但你睜開眼睛，卻仍然感受到滿目瘡痍，那麼，表示你有需要修正的部份，畢竟，心靈豐盛，如何能不創造出生活的豐盛呢？這之間一定出了什麼問題？讓我們一起來修好它，修好你的生命。

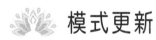 ## 模式更新

　　如果你忙於祈禱，卻沒有更改自己的行為模式，那麼，我們天使將會為你很著急，我們會有點幫不上忙，但因為你的祈禱，我們會派你的朋友，也可能是警察或一本書（如這本書），提醒你，你的模式有問題，這不是祈禱能解決的，這必須從你的身體力行中才能改變。

　　這就比如一個人向我們祈禱健康，卻每天服用有毒物質，那我們也很難保證你的平安，你所要做的，是在祈禱

過後，決心懺悔，不再服用有毒物質，那麼你的身體健康才能改善。

　　金錢豐盛的第一步是改掉不良的用錢習慣，你現在的狀態可能連健康平衡的財務狀態都說不上，那要如何能夠邁向豐盛呢？請檢討你的用錢方式，又或許我們可以這麼說，請你保守的使用你的錢。

　　這時候你可能會在內心反問：「我不是豐盛的嗎？心靈創造不是隨心所欲的嗎？」你的問題是對的，但你的現況是有問題的，一個背著尿袋和擁有沉重病情的無力病人，跟醫生說，人的身體不就是可以自由跑步和吃喝嗎？醫生會回答你：「那得等你完全健康之後。」在這之前，請保守的控制飲食與身體復健。

　　事實上，正常的賺錢和使用金錢，並不會讓我們造成負債和金錢壓力，賺多少花多少的老話，卻是我們很多人難以做到的，很多人肆意的滿足欲望，沒有控制金錢的使用，導致負債的壓力，最終造成了金錢能量的不平衡。

　　關於欲望，我還有很多可以說明的，要看透自己的所

需，不要陷入在欲望的陷阱中，許多人買東西，並不是在享受東西，而是在享受「買」這個過程，而買這件事情是一個永無止境的欲望，它甚至跟你要買的東西沒有關聯，你絲毫不思考，也不享受人生，你只是沉浸在「買」的欲望中，家中堆滿了紙箱和貨物，卻不曾打開享受你買回來的東西，而這個「買的欲望」，便是一個無底洞，便是你在使用金錢上「不健康的模式」。

正視你內在的空洞，你之所有「買」，是因為你無法跟人相處，你沉浸在買貨、等貨、貨到家、再買貨的循環中，這種空虛，有如一隻跑滾輪的老鼠，永無止境而沒有意義，你創造設置了一個財務困境在這裡，請停止這種無趣的創造。

以上，只是其中一種例子，請不要用「錢」和「買」來填補你的空虛，因為那是填不滿的，物質無法填滿心靈，唯有心靈可以填滿心靈。購買一個旅遊行程，你是因為旅遊的體驗與場景或陪遊的旅伴而感到幸福，並不是因為你「買」了一個行程，而是因為你體驗了一段生命，如果你似乎去過很多地方旅遊，但是你卻毫無心靈體驗與回憶，那這個旅遊又有什麼意義呢？

　　不要去羨慕別人的旅程，有多少錢，就做多少錢的旅遊，他看到的某些風景和體驗你沒有，但同樣的，你的某些風景和體驗也是他所沒有的，享受你的能力所及，如果你真的想要更多的體驗，而你現在的財富無法達成，這時候，你可以祈禱，或是設定賺錢或存錢的計畫，也就是你們常見的「旅遊基金」。

　　這一切符合邏輯的金錢運用方式，是健康有規劃的，生命本身就是奇蹟，你所認為的平常對某些人來說已是奇蹟。如果你現在還無法邁向這個方向的創造，那表示，你有固有的財務問題，你可能得先解決你的負債。

　　大天使拉斐爾的療癒，並不是你欠了一筆10萬元，老天讓你中樂透解決你的債務，這太不根本，而且並沒有解決你的問題，你的問題是為什麼你會欠下這10萬元，你如何能還清它，接著，你的將來，就能夠應用好的模式，還清10萬元，並且能夠往上創造10萬、20萬的金錢，用以豐盛你的生活。

　　所以，請檢討你的財務模式，你有沒有好好的賺錢，適當的花錢，然後，改正不好的用錢方式，建立良好的金

錢習慣，隨著時間的累積，你的財務狀態就能恢復平衡，漸漸的走向豐盛的人生感受。在此，很重要的事情是，控制欲望和回歸自己的內在平靜。

當然，你會問：「如果一切都只需要財務的檢討和自我的修正，那麼去找財務專家就好了，何必需要學習天使或靈氣呢？」

祈禱的本質是透過天使或高靈給你更好的機會和避開不必要的危險，說實在話，你們的意識創造中，被設計了很多恐懼，比如意外的花費或損失，或者不速之客影響你的生活步調與進度，此時，祈禱可以幫你邁向較好的頻率，遠離不好的可能。用通俗的例子來說，一個孩子想要學好，天使可以幫助讓壞孩子不會接近你。

並且最重要的，祈禱天使，可以幫助你安定你的心與看顧你的目標，然後在邁向富足的道路上內心踏實。

大天使拉斐爾建議你思考的議題

1. 你是否有健康的財務模式？

2. 你是否有豐盛思維？

3. 你的購物是否是你真正需要的，還是你只是被欲望和社會氣氛驅使，而造成的過度的消費。

大天使夏彌爾

專注核心，你將創造豐盛

大天使夏彌爾 Chamuel

專注所愛　創造豐盛

主講：大天使夏彌爾（Chamuel）

　　大家好，我是大天使夏彌爾，有如母親般的存在，是上帝的本源的延伸，嚴格的說起來，所有的大天使和你們，都是上帝意識的延伸，只是我們看似更接近源頭，或是說，我們以更大的能量團的形式存在，以讓你們在地球體驗的時候，可以接引或攫取我們的力量，讓你們在生活中更加的順暢。

　　大天使夏彌爾，掌管真實之愛的天使，如同上帝般的存在，我應你的召喚而出現，當我出現時，代表二種可能，你正在經歷一場轉換的風暴，感覺到無比的壓力，當我們挫折時，我們會習慣回家，回心靈之家，回上主之家，尋找母親的安慰與協助，這時，我就會出現了，幫助你認出方向，另一種可能是你正專注在目標中，你需要支持和鼓勵，這時，我也會出現，給你無限的祝福。

　　我如同母親一樣，溫暖地守護著你，但記住，大天使協助你面對人生的功課，但並不幫你做功課，人生的任務得自己去體驗和跨越，這個天使無法代勞的。對於金錢的功課也是，如果你對金錢有恐懼或壓力，那麼，我會給你

一個方向，告訴你如何跨越，而不是動一動魔法棒，你的
煩惱就消失了，處理問題的仍然是你自己，但請相信我，
大天使永遠都在你身邊。

　　這個章節我們要談論的是專注靈魂道路和專注內在
核心的這個議題。這和金錢有什麼關係呢？首先，創造經
常不是數字的顯現，靈魂來到這個世界是為了體驗，不是
為了看數字本的，當然，金錢在你們生活中的用處隨時可
見，但我們想要的是它的用處，並非金錢的數字本身，比
如你想要一台手機，價值三萬元，我如果將三萬元放到你
的手中，告訴你這價值等同一台手機，但你只能堆疊在你
的手中，那鈔票將變得沒有意義，你要的是手機，而不是
鈔票。當然，你會說，沒有鈔票，怎麼買手機，事實上，
得到手機的方法很多，而我要告訴你的重點是，要搞清楚
你的核心目標，你要的是豐富的體驗，而不是冰冷的數字。

　　你可以賺取足夠的錢，但必須在你做真正喜歡的事情
的時候才有意義，就如同一位母親看著小孩，我們希望小
孩快樂，快樂的生活與賺錢，而不是賺了很多錢卻愁容滿
面，我們希望孩子能面對自己內在的願望，走向自己的才
能和道路，這樣，賺錢才有意義。

專注在自己內在的核心

大天使夏彌爾，幫助人們專注在自己內在的核心中，對你來說，最重要的是什麼呢？你以什麼樣的信念與型態活在這個世界上呢？你是否真實的快樂，還是你用資本社會的物質來麻痺自己？

靈魂需求體驗與成長，因此，當你在一個地方無法創造更多美好的體驗的時候，你可能會面臨轉換，最常見的是換工作，表面的現象可能是你自己辭職，也可能是你被開除，甚至因為生病無法繼續原本工作，但真正的原因是，你的靈魂已經安排了新的道路給你了。

有時候，你想要更豐富的生活，那麼你需要更多的錢以支應開支，我們也會幫助你，但問題是，你目前的工作所能提供的薪水是無法讓你達到這個目標的，因此，命運必須安排你離開目前的工作，這是一個斷捨的過程，沒有拋掉手中的石頭，你如何能拿起即將來到你面前的鑽石，所以，請專注在你真正嚮往的生活上，然後積極的轉變。

當你想要更多的錢，代表的不是你想要更多數字的堆

疊，你想要的是某種生活方式，而此種生活方式所需要的金錢可能比你現在所能賺得還要多很多，那麼，為了這種生活的目標，你得需要改變自己賺錢的方式，這個時候，改變就必當到來，改變有如穿越隧道的火車，你在車廂內，並沒有看到遠處的出口，但火車總會邁向出口，軌道已經確定，所以你能做的就是告訴自己：「一切都會有最好的安排。」當然，你也可以適時的向我祈禱：「祈請大天使夏彌爾，賜予我愛與平安，讓我靜心，讓我好好地邁向自己的目標。」

再表達一次，關於賺錢本身，對高靈來講並沒有什麼問題，但它不是本質，本質是愛與體驗等事情，是你想要體驗的人生方向，才是你創造金錢的動力之一。

一個人如果薪水三萬元，但他想要的生活簡單，或許是文書工作，或許是保安工作，他沒有需要更多的創造，則他不需要改變生活與賺錢方式。但如果他想要的生活需要月花八萬的水準，那麼，他可能就得轉換工作，去業務性質的工作，他才有可能創造更多金錢，以達成他的生活目標。

　　這是你必須想清楚的，如果你現在的生活充滿著煩悶，是因為你把生活的各種挑戰視為壓力，如果你了解到，這些挑戰是為了達成你生活目標的過程，那麼，壓力就變成了祝福，你擁有不同機會的祝福。

　　最後，給你的思考是，豐盛對你來說是什麼呢？此豐盛對你來說，需要的金錢表現形式是什麼呢？而你現在的生活方式，有沒有符合你想要的豐盛生活所需要的金錢擷取方式呢？漸漸地你得發現，你有沒有生活在你想要的賺錢模式中，如果沒有的話，改變是必當到來的。

大天使夏彌爾建議你思考的議題

1. 你愛你的生活嗎？
2. 你想像的金錢的表現形式是什麼？
3. 對你來說，豐盛是什麼？
4. 你想要的生活，目前的賺錢方式能達成嗎？
　 不行的話，請改變自己。

class 6

大天使艾瑟瑞爾

認出人生的豐盛道路

XIII

大天使艾瑟瑞爾 Azrael

學會斷捨離

找到對的金錢模式

主講：大天使艾瑟瑞爾（Azrael）

　　大家好，我是大天使艾瑟瑞爾，帶來這個時代的光的課程與提醒大家永恆的存在。誠然，許多人稱呼我為「死亡天使」，但我並不像傳統的死神以恐怖的形象出現，我是溫暖的大天使啊！所以，我帶來的不是死亡，而是邁向永恆的契機，我的出現，帶領轉換形式的靈魂前往新的領域，這時，死亡將不再是死亡，而是一種蛻變，有如浴火鳳凰般地蛻變。

　　金錢的課題是現代人的重要議題之一，有許多關於賺錢的課程，包括商業的、經濟學的，也有不少靈性成長的課程，而如果你把目標搞錯了方向，可能，黑暗的深淵就離你不遠了。

　　有一個笑話是這麼說的，有一天，上帝召集天使們訴苦：「最近，人們的祈禱越來越單一，都是要錢。但天堂什麼都有，就是沒有錢。錢是地球世界的產物，天堂不需要無謂的數字啊！」這時，一位充滿智慧的天使站起來說：「那簡單，派給他們會發鈔票的總統和厲害的印鈔機就好了。」於是，地球有了通膨。

　　在某些教義中，有所謂的七罪，包括暴食、色慾、貪婪、嫉妒、憤怒、怠惰及傲慢，體驗其實不是問題，問題是許多追尋是沒有盡頭的，而一旦沒有盡頭，就很容易墜入無間地獄，陷入在暫時滿足與新一輪匱乏的永恆地獄中，小我的特徵是「去追，而且永遠沒有盡頭。」你彷彿在一個巨大的迷宮中走不出來。

　　如果你在物質世界或資本主義的世界中，已經累了，覺得不想再被自己或社會所創造出來的幻象追著跑，那麼，就召喚我，來到你的身邊，幫助你帶來新的世界。

簡單最好，寧靜致福

　　老子說：「無欲則剛。」真的要做到無欲，是強人所難的，畢竟你們的世界有許多可以享受的事情，但少欲或認清楚內在的本質，就可以幫助你找回內在的平靜了，「簡單最好，寧靜致福」是我給你的最佳指導原則。

　　當你來到這個章節，我給你的指導意見是斷捨離，拒絕不需要的消費，減少不需要的支出，你會發現，你的生

活可以很簡單，那麼你便會很自然地達到寧靜，而寧靜，是豐盛的本質。就像大自然的一大片稻田或豐富的森林一樣，從外面看起來如此安靜，但內在卻充滿生機，你所需求的是一種對來到身邊的萬事萬物都能感到滿足的狀態，你不再外求，那麼滿足就會變得很簡單。

正如同我說的，我是「死亡天使」，是將你從一個世界帶到另外一個世界，我，大天使艾瑟瑞爾，要將你從一個觀念帶到另外一個觀念，從物質世界的無限追尋中，轉念到心靈世界的自我滿足中，心靈的滿足是無可限量的，請從愛自己開始，愛自己的生活，那麼，你的豐盛由內而生，你會發現，你能創造金錢，那是可以支應你生活的金錢，你不再汲汲營營，不知道為什麼賺錢，像個無頭蒼蠅似的，不知道自己的追尋什麼。

從今天開始，你追求的，就是內在的安詳，而這個安詳與平靜，不需要過度的金錢累積，因此，你可以做簡單的工作，你喜歡的工作，賺足夠的錢，以幫助你走向喜悅的自我。

大天使艾瑟瑞爾建議你思考的議題

1. 你是否有可以討論錢的議題的老師或朋友。

2. 請想像簡單而自我滿足的生活狀態，告訴並詢問自己：「我喜歡這樣嗎？」

3. 你為什麼要賺錢？你可否不賺錢？你想要什麼樣的心態和狀態賺錢？

大天使亞列爾

找到你的工作，創造富足感

VII

大天使亞列爾 Ariel

找到天命　創造富足

主講：大天使亞列爾（Ariel）

　　親愛的朋友們，我是你們的大天使亞列爾。這個章節，讓我們來談談你賺錢的來源——工作。

　　我們的工作來源可能有以下幾種，**第一種是天命**，也可以說是靈魂的安排。你會發現一條明顯的道路出現在你的生命中，就如同華倫巴菲特在 10 歲的時候，父親就帶他去紐約證券交易所，然後他的一生就跟股票綁在了一起。一個牛肉麵店的老闆，可能從小就有煮食的天分之外，也遇到了好的師傅，靈魂的安排從人際關係的傳承上很容易發現，經常會有緣分事件，只要你悉心觀察，便會發現生命有其道路。當然，這邊要提醒你，靈魂安排這一生可能是一條或數條的道路，所以一旦緣分停止或改道了，對原本的道路也不要太過堅持，要學習順著流走。

　　第二種是才能或天分，一個人的成功與否，靈魂緣分居首，你可以跟巴菲特一樣做股票，甚至眼光一樣獨到，但你可能沒有巴菲特的人際緣分，所以成就不同，還好靈魂的成就不是以世俗成就來做評分的，那是以你有沒有用你最好的方式和態度來過你自己的人生，有沒有善用你的

天賦才能。

　　所謂才能，有可能是你特別有能力的技能，比如電機才能、設計才能、商業才能，也有可能是軟實力似的，比如你特別能溝通、特別能安撫人心、特別具有協作能力，發現你的才能，或是在工作一段時間之後，跟朋友們詢問你的特殊能力和個性傾向，發揮你的才能，找到適性的工作，便能夠讓你賺錢是輕鬆並且愉快的了。

　　第三種是所謂的興趣，興趣是很廣泛的，你可能擁有許多興趣，在你實在找不到你的天命或才能的時候，你覺得你的靈魂似乎沒有安排很明確的道路，所以你有點失去方向，那麼，沒有關係，你就先去做你有興趣的事情，各種嘗試和體驗，試著找出讓自己開心地賺錢方法，漸漸的，你專注在某個工作領域中，然後你的河流便會出現，你的天命就會漸漸安排出來，又或者，你仍然沒有找到天命，但至少，你正在做著你開心有興趣的事情。

富足是從事你想望的事情

最後一種工作的可能，是你的工作是為了其他人生中重要的議題，有可能工作是為了養家，或為了照顧爸媽時，有穩定的經濟來源，你的工作是為了了結一些在辦公室的人際緣分，你的工作是為了讓你完成一場愛情的緣分，那麼，工作在你目前的人生中是副線，為了輔助主線而存在的，因此你只要專注主線，工作就會順利。

比如某個靈魂來地球是為了完成跟他父母的緣分，那麼他的工作時間就會最大量的配合他跟父母的相處，他的工作通常不太辛苦，正常的進行，而他個人沒有強大的野心，因為當他發現，他太過於努力工作而忽略家庭的時候，通常會帶來不順利，久而久之，他跟父母的關係穩定和慈孝，工作或事業沒有太難，當然有沒有成就也就不太重要了。

又比如，某個工作是為了讓你認識你未來的丈夫或妻子，那通常工作的狀態是為了點綴愛情的火花，可能是順利的，讓你可以像孔雀一樣有美好的名聲裝飾以吸引另一半，也可能是不順利的，讓你可以因為情緒的起伏而接受

某個人的照顧，進而產生感情，這類的工作其中一個特徵
從結果上來說，就是當感情穩定了，工作的裝飾就不再需
要了，可能是工作穩定而沒變化，或者就換到另一個更適
合穩定感情發展的工作去，總之，工作在此些例子當中，
是以輔助感情而存在的。

　　真正的富足，是你在從事你真正想望的事情，勇敢
地成為自己，而創造的生命體驗。想像著某個人，雖然擁
有高薪和權力，但每天生活的心情並不安穩，對生命也沒
有激情，他只是應付著壓力，也沒有良好的人際關係，那
這樣的金錢和地位，是你想要的富足嗎？人們要學習的是
從內在出發，做自己想做的事情，只要不要拿石頭砸自己
的腳（比如染上惡習或造成負債），那麼，順著流走的賺
錢，你就能不斷的創造喜悅，安心而開心的生活在每一個
當下，而這就是你想要的富足。

大天使亞列爾建議你思考的議題

1. 你對你的工作有熱情嗎？

2. 你的事業方向和工作有讓你感覺到靈魂的安排嗎？

3. 你人生的主軸是什麼呢？

4. 你的生活是否有追尋著你內在的熱情和想望而前進呢？

class 8

大天使漢尼爾

小心你的輪迴模式

XVIII

大天使漢尼爾 Haniel
請改變心念與情緒
導正錯誤的用錢邏輯

主講：大天使漢尼爾（Haniel）

　　親愛的朋友們，我是你們的大天使漢尼爾，我代表著神的榮光，來到你們的身邊，告訴你真正的喜悅與幸福，那是當你在做你自己喜歡的事情，隨著自己的靈魂悸動的時候，會擁有的快樂，你的快樂，便是神的榮光，而當你憂鬱，天使也陪你神傷。

　　這堂課，接續著前一位大天使亞列爾，希望你發現你的天命或熱情的所在，而走向自己真正內在想望的道路。我們發現，有很多人當下雖然意識到了道路，或是因為接觸了靈性成長而開始覺醒，想要朝著人生的新方向邁進，卻苦於舊有模式的無法清除，而不斷的在舊有的輪迴中痛苦，並且自怨自艾的抱怨著，別人都有璀璨的未來，而自己卻只能夠活在小小的物質困境中。

　　誠然，在人類的世界中，所有的事情都有時間的軌跡，很難說，一個念頭改變了，當下世界就改變了。但是，不要氣餒，就像看日出一樣，你先看到的是太陽的光開始改變黑暗的天空，接著日輪的光在地平線遠方破出地表，然後漸漸地越來越亮，最後太陽突然出現，蹦出地

表，漸漸越爬越高，越來越亮。

　　雖然時間需要慢慢前行，但第一個念頭仍然是重要的，你需得先有改變的念頭，你開始願意做自己，為了自己的熱情和天命付出精神和行動的想法，接著才能夠規劃出一條道路，讓天使們幫助你漸漸邁向新的方向。記住，這一切都來自於你願意抓住新的念頭，並且持而行之，跟宇宙的安排一起創造，所謂「當你真心期望，整個宇宙都會聯合起來幫助你」，這第一步是你的真心期望，尤為重要。

 ## 分割時間，巧步前行

　　接下來的關鍵，便是向前邁進，接著你會發現，原本生活的鎖鏈緊緊的綁縛住你，原來你的生命中有很多的設定，可能是你曾經的決定，主動的錯誤作為，也可能是被動的被社會和家庭所設定的議題綁縛，讓你無法往新的人生想望前進。

　　記得，這時候不要著急，只需要慢慢地意識到生活的

鎖鏈，然後一個一個的分析解鎖，慢慢地擺脫舊有的思想和行為模式，改變將會出現在將來的某一天。

比如某人可能正在做著一份不開心的工作，他知道這不是他的興趣也不是他的天命，但為了生活，他只得待在目前的工作中，以賺取他能自給生活的薪水，他因為不快樂，他並不會珍惜金錢，而是將錢恣意的揮霍，導致他沒有存款，此時，他就算發現新的目標，一個他真正想要的方向，那是他的熱情所在，他也沒有時間、能力和存款，去邁向新的方向。

因此，他得做的是，累積足夠的金錢、緣分和能力，為新的未來做準備，目前他得好好的在本來沉悶的工作中度過時間，此時，忍耐是美德，是為了更好的未來的鋪墊。

當然，有些人是對於新的未來方向沒有信心，那麼，我給你的建議是分割時間，巧步前行，這常出現在很多想要從事身心靈工作的人身上，完全的投入身心靈事業，對於心靈或許滿足，但造成物質壓力的心理負擔也可能不小，所以，你可以分割每周甚至每個月，給自己一到兩天

的時間，去從事新的方向，直到你確定新的台階是穩定的，你再完全離職就好，這樣的做法，是讓舊的工作成為新工作的支持與養分，你不需要孤注一擲的走新的路，而是輕鬆的嘗試新的可能，當然，這需要一點調整的時間和計劃，並且依計劃而行。

　　事實上，天使給你的支持是能量上與心靈上的，實際上的執行你需要有自己的想法和願望，我們會在適當的時候給你靈感和暗示，而你只需要緩步向前。

大天使漢尼爾建議你思考的議題

1. 你對生命的熱情所在是什麼？
2. 針對你生命中的目標，你是否有安排計畫或時間去執行呢？
3. 有無任何讓你不快樂的狀態或習性，試著去找出改變修正的方法。
4. 你快樂嗎？如果快樂的話，請持續，如果不快樂的話，請給自己一個改變的計畫吧！

大天使耶利米爾

檢討、面對人生，勇於克服困難

VIII

大天使耶利米爾 Jeremiel
面對你的財務困境
並決心改變

主講：大天使耶利米爾（Jeremiel）

　　親愛的朋友們，大家好，我是你的好朋友耶利米爾，大天使們雖然意識高超、頻率卓越，但我們和你們都是上帝的造物，並無等級上的差別，只有思想意識上的頻率不同，導致狀態的不同，而我們很願意幫助大家提升意識頻率，越多的人提升，則地球能夠越平安，世界能夠越和平。

　　在猶太祕術卡巴拉的智慧中，慈悲和審判是兩個相對的球體，你可以視他為兩種意識的極端，無限的慈悲照顧著人們的情緒，極端的審判帶來純理性的體驗，而我們的法律永遠都擺盪在這兩者之間，以尋求平衡。我，耶利彌爾，代表上帝的慈悲，帶來對生命的體諒與理解，當你遇到我的時候，學著告解與懺悔，你會發現，無論如何神都是愛你的，你所犯過的錯，只要你誠心地面對並且懺悔，那麼重新開始是隨時可行之事，但為什麼要懺悔呢？因為當你對一件事情擁有負面情緒或耿耿於懷時，事件不會過去，而是拉住你創造豐盛的可能性，因此，你得先釋放，接著才能前進，這是物質意識世界中的規則。

　　懺悔其實是個很深的議題，不過根本上來說，懺悔是個向內的舉動，也就是從內在真誠的意識到並承擔起自己過往的錯誤，不抱怨任何人或命運的安排，一切的體驗是從你的內心而造，唯有你認知到所有的快樂與不快樂其實都是自己的思想、作為造成的結果，那麼你才有可能改變命運，如果任何一種不順利的原因是來自於命定或他人，就等於間接的說明，這是你的不可控力，那麼你就沒有改變的能力，所以，勇於承擔吧！如果你現在覺得不順利的話，接受他、懺悔並決心改變。

每個人的理財方式多元

　　我，耶利米爾，代表宣說「上帝的仁慈」，凡是來到我面前懺悔的，必能得到釋放與救贖，因此，所有你對過往財富和金錢使用方式的錯誤與不平衡的地方，當你勇敢的承擔，我必能幫助你釋放，深刻的檢討自己的理財模式，檢討自己如何看待金錢的方式，那麼，你將來跟錢的關係必會改變。

　　當你在調整理財方式的時候，我需要說明幾個要點，

由於每個年代的理財方式不同，並且每個人的理財方式多
元而充滿變化，這種很落實的問題，是你該好好研究並執
行的。天使們負責的是觀念和安心的部份，在你的小我功
課不引發的情況之下，你可以意識到我們的陪伴，所謂小
我的功課，包括了恐懼、貪婪、懶惰和愚痴等，比如你的
投資是基於對錢的恐懼，那麼，依據吸引力法則來說，恐
懼吸引恐懼，所以你必須要適當的選擇不讓你恐懼、擔
憂、睡不好覺的投資工具，對某些人來說，領著穩定的薪
水，不去煩惱投資，就是最好的理財方法。

有些人的錯誤是懶惰或愚痴，毫無來由的相信某個人
而把錢完全交給對方，自己懶得研究投資方法，希望別人
無償地替你賺錢，這種不符合邏輯的事情，便是懶惰和愚
痴造成的。有句老話「要怎麼收成，就要怎麼栽」，到現
在仍是亙古不變的道理，你把你的田和樹交給別人，而且
從不去看收成和變化，那麼，對方把收成拿走，不是很正
常的事情嗎？這是人世間的遊戲，不要忽略了人性。

總之，如果你要投資理財，請好好的研究各種工具，
並找到最適合自己個性的方式，如果你發現任何投資都會
讓你緊張，那麼好好的找一份工作賺取薪水，簡單的生

活，就不生煩惱。對某些人來說，不投資是最好的豐盛之道。

大天使耶利米爾建議你思考的議題

1. 檢討你目前的投資模式，是否讓你安心。
2. 如果你沒有投資，卻對未來的財務生活有所恐懼，那麼，請允許我們放下你的恐懼，在你有序的生活之下，你的財富將會給你穩定。
3. 請試著檢討你對錢的恐懼，並且制定良好的用錢計畫
4. 有需要的話，懺悔並放下過去不愉快的金錢經驗，並決心從今天起改變自己的心與行為。

大天使約菲爾

豐盛自己並跟好的靈魂相遇

VI

大天使約菲爾 Jophiel

豐盛自己
並跟好的靈魂相遇

主講：大天使約菲爾（Jophiel）

　　大家好，我是你們的大天使約菲爾，在伊甸園中，最早被指派任務照顧人類的兩位大天使之一，我充滿著愛與關懷，照顧著萬物，當你們有煩惱的時候，可以跟我訴說，我會幫助你們，遠離邪念，回歸內心的伊甸園。

　　當我們提到創造金錢、創造豐盛的時候，我們必須了解，金錢是流通於世界的貨幣，而豐盛是體驗生活的方式，這兩種並不等同，一個沒錢的人，可以體驗豐盛的生活，相反，一個有錢的人，也可能是內在貧窮，毫無豐盛可言的。你如果從前面幾位大天使一路學習到這裡，對這個道理應該已經相當明瞭了。

　　現在，我要告訴你的重點是「物以類聚」的道理，心靈和世俗是兩條判斷世界的方式，而當我們探討我們心靈的富足的時候，是針對每個人而已，自己有自己的喜悅，不需要跟別人比較，世俗則不同，世俗有許多的數字和評量方法，會產生比較，而比較會產生痛苦，所以，請放下世俗的比較，就能回歸內在的伊甸園。

如何豐盛生活

這堂課，我要教你的不是處理金錢，而是教你如何豐盛生活，試圖把你拉出金錢數字的框架中，當然，這需要時間，以下我給你三個任務。

第一個任務是整理你的人際關係，你的朋友有多種多類的，有一些對於心靈的本質有興趣，對於幸福能體悟和享受，那麼，請多親近這樣的朋友。但有另一種朋友，見面時就是互相比較，從身上的首飾和名牌包包、銀行卡上的數字、車子和房子的品牌和價值，這些是無止境的，你有錢，總有人比你更有錢，比較是陷入貧窮思維的陷阱，因此，請遠離這樣的人群，或是，禁止這樣的討論，如果真的無法禁止，就離開吧！你需要的是能夠討論真心、喜悅、快樂的朋友，而不是明褒暗諷的朋友。唯有離開錯誤的族類，你才有時間跟真正有益心靈的朋友在一起。

當然，你會說，我沒有談心靈的朋友，或是不夠多。那麼，就進入到了**第二任務，去交朋友吧！**在伊甸園中，有許多心靈的好朋友，散落在你的世界中，也有許多值得相處的人，所謂「好看的皮囊千篇一律，有趣的靈魂萬裡

挑一」，你得積極去認識才能夠發現真實，你可以去找你
以前的朋友們，也可以去參加社團或課程，當然，也可以
參加旅行團，記住，這一切的目的，都是為了體驗這個世
界的豐盛，因此，不用為了做而做。也就是說，今天你想
知道如何泡出好咖啡來豐富你的生活，那麼就去參加咖啡
課程和咖啡活動，從裡面認出有趣的靈魂，當然，你得小
心辨別課程，有些課程和老師可能是唯利是圖的，那就跟
你的目標背道而馳了，你要找尋樂於分享幸福的老師，當
然，這不是說他的咖啡不用錢，而是豐富性更為重要，而
價值適當並且適合你的，從活動中去找尋到你的朋友吧！

　　你又表示，我不太會認識朋友，抱持著這種心情去
認識朋友會讓你覺得奇怪。於是，進入到我給你的**第三任
務，成為芬芳的花朵**，所謂「花若盛開、蝴蝶自來」，當
你是美麗的花朵的時候，你所吸引的是蜜蜂和蝴蝶，而所
謂美麗的花朵，就是你的生活、你的樣貌、你的磁場，你
給人一種自信和愛自己的感覺，你得發現自己真正喜歡的
事情，專注在自身的修養上，當你的內在越來越美好，不
斷宣說著豐盛的感受，那麼，你吸引的就是願意一起豐盛
生活的朋友們。這邊要提醒你的是，是分享豐盛感，而不
是炫耀，炫耀進入了比較，那是世俗的範疇。做你喜歡的

事情，有需要的時候，可以找人協作，共同分享，共同創造。

以上三個任務，從次序上來說，是先遠離或斷捨不好的朋友，接著開始去找尋美好的友誼，然後你會發現，你得先把自己的內在豐盛了，才有可能跟別人同頻共振，物以類聚。所以當你走到第三任務的時候，你會回到第二任務的找到對的朋友，然後，漸漸的，跟你磁場不合的朋友，讓你煩惱的朋友就漸漸不在了。

我，大天使約菲爾的這堂課，談的是豐盛生活，雖然在某個程度上，我們無法離開世俗的金錢而過生活，但錢不是我們的全部，許多人把金錢生活過成了比較、煩惱和抱怨，陷入了壓力的地獄中。而我希望帶給你們的是，找到正確的朋友們，共同創造豐盛的生活，關於如何找到正確賺錢工作的方法，就往前去找尋大天使亞列爾的文章，他已經告訴你，找到對的工作，好好賺錢，接下來就不再煩惱工作和金錢了。

大天使約菲爾建議你思考的議題

1. 就你的生活而言，你是否有共享豐盛的好朋友？

2. 有沒有你該斷捨的朋友呢？比如總讓你感覺到相處壓力，聚會言不及義，那麼，你該離開這樣的朋友了。

3. 你想要什麼樣品質的朋友呢？

4. 你是否擁有豐盛的品質和表達呢？沒有的話，請學習成為美好的你。

大天使麥達昶

當目標正確，
天使會幫你創造賺錢的機會

大天使麥達昶 Matatron
鎖定目標
祈禱並讓天使為你創造機會

主講：大天使麥達昶（Matatron）

親愛的朋友們，你們好，我是你們的大天使麥達昶，在許多時候，我代表上帝之聲，表達上帝的語言，代替上帝來關心大家，關於此堂課，金錢的議題，我想，我可以用前輩的身份跟你們分享，正確的觀念。

當你想要賺錢，你想要很多錢，在創造的意義來說，這並沒有問題，你的創造可以是順暢的，只要你的意念順暢。然而，你發現，你創造錢，似乎沒有你想像中的順利，如果你經常得不到足夠的錢，那麼，這堂課非常適合你。

做為一位曾經當過人類的大天使，我對於人生的經驗是如此地熟悉，我對你們對物質與金錢的崇拜、喜愛，知之甚詳，在此，我要從反面點題，告訴你，為什麼你無法創造金錢，而當你把這個障礙想通了，解除了，接下來，你就開始做對的事情，獲得你想要的金錢回饋。也可能你就會輕鬆的，讓金錢的流進到你的生活中。

首先，你是怎麼看待錢的呢？又或者更簡單直接的問

題：「你要錢做什麼？」這個問題我們得深究，你得自我詢答。假設，你賺錢是為了豐富你的生活，那麼，我可以告訴你，對你的靈魂而言，豐富生活不需要賺錢來達成，所以，這個念頭不會幫你創造金錢，但可以幫你創造豐富的生活。

　也可能，你想要買很多喜歡的東西，就靈性的創造而言，買東西不是問題，但過度的耽溺於無意義的事物，空虛將導致靈魂的匱乏。所以，如果你買的東西是過多的浪費，是無意義的消費，對你的生活品質和現況的體驗毫無幫助的話，那麼我告訴你，你的靈魂不會幫你創造金錢，因為他發現，不幫你創造金錢，你才會豐富的生活，但當你有錢之後，你並不會善用金錢，而是恣意揮霍，沒有意義的使用錢，久而久之，靈魂就不再跟你共振了，因為你沒有他需要的生命體驗，你的金錢來源可能變受阻了。這也就是為什麼，有些人好不容易有錢，可能是因為跑業務，可能是因為開公司，在某個時刻，他是有錢的，那時他的工作和生活體驗相當豐富。但現在，他的靈魂察覺，他沒有善用金錢，相反的，過多的錢帶給你放縱與困擾，那麼，靈魂就會調整這個創造。

又或者，你想要有錢，這樣就能夠做任何你想做的事情。但這樣的想法對靈魂來說是充滿疑問的，因為不需要有錢，也可以做任何你想要的體驗，你得先有目標，靈魂和吸引力法則便能幫你安排機緣，而如果你的目標並不需要錢，那麼，他們不見得需要創造金錢。

那麼，來個大的，你想要一個房子，這總得創造金錢了吧！沒有存款不能買房子。沒錯，這個時候，天使和靈魂們便會開始幫你創造機緣，幫助你找尋賺錢的機會。你的願望出去了，接下來就是完成世間的工作，得到相應的報酬，善用金錢和珍惜財富，那麼，假以時日，你的錢就會存下來，並且足夠你去付頭期款。

 ## 做事時刻想著目標

這時你的腦袋可能會有疑惑：「有這麼簡單？」或是：「這麼簡單就好了。」其實，累積金錢並不如你想的那麼困難，重點是，你鎖定目標，接著好好的往目標前進，不要拿石頭砸自己的腳。就是我前面提到的，恣意揮霍和浪費金錢填補內在的空虛，做事時刻想著目標，然

後，財富就漸漸累積起來了。

　　不過，也有可能有例外的情況，比如，對於你的意識來說，租房子住或是住在家裡，並不會比較不好，或者買房子對你的生活來說，並不會創造豐富，而是造成困窘，甚至是人際矛盾，那麼，靈魂的整體意識就不見得覺得你的這個願望是符合目標的。在這種情況下，你的賺錢和存錢仍然可能是順利的，但買房就不見得了，這方面的探討，依據不同的個體有不同的可能性，我們就不深究了。只是針對你而言，還是回歸到你自己想要的生活是什麼？你的靈魂想要創造什麼？或者說，「你」想要創造什麼樣的體驗。

大天使麥達昶建議你思考的議題

1. 你為什麼想要金錢？或你為什麼要賺錢？
2. 你想要的事物或體驗，是否一定得從金錢得到。
3. 金錢和你的自我實現或願望實現有關嗎？
4. 你是否體認到，金錢只是工具，創造生命體驗才是目標呢？

大天使拉貴爾

關係也是你豐盛的助力或阻力

V

大天使拉貴爾 Raguel
找到貴人
請他給你幫助或建議

主講：大天使拉貴爾（Raguel）

有時候，你有沒有足夠的金錢，跟你身邊的重要人士有關，人際關係、家庭關係，也是你豐盛有無的關鍵因素。

大家好，我是大天使拉貴爾，代表神之友，我跟神做朋友，就像我跟你做朋友一樣，你也可以跟神做朋友，我們一起手拉手，開心的徜徉在神聖之光中。

今天要跟你分享的課程是人際與金錢的關係，你擁有財富與否，跟身邊的人的投射也是有關係的，如果你跟一群匱乏的人在一起，你很難創造豐盛，如果你跟索求無度的家人在一起，你很難創造金錢，因為從你的潛意識來說，你認知，不論你賺再多的錢，也是被剝奪，那麼，你怎麼會有賺錢的動力呢？

你來到我這堂課，如果你覺得我跟你很相應，那麼，很可能賺錢不是你人生的目標，你有很多愛的關係需要處理，而創造金錢並不會讓你的人際功課有所進展，所以，不要把心力放在創造金錢上，而是放在主要的人際緣分中。這並不是說，你注定沒錢，而是說，錢對你的靈魂來

說只是夠用就好，沒那麼重要，因為，你有更割捨不了的東西——感情。

我觀察到，這個時代，有許多朋友的靈魂目的是陪伴家人，他的主要創造層面在於臣服與服侍，可能是服侍父母或祖父母，總之，是你愛的人。這樣的靈魂主要課題很明顯，所以當你把家裡的關係處理好，你賺錢就不會有問題，穩穩的收入和平安的生活，創造有愛的環境。

而當這類的朋友搞錯方向，跑去衝事業和賺錢的時候，換來的可能是挫折和麻煩，因為，錢和事業不是你今生的功課和創造目標，那麼，你做再多的努力，成果也是有限的。甚至有可能，因為你跑偏了主題，而導致嚴重的挫折，灰心喪志。這時，你只需要把焦點放在自己的家庭中，你會發現，漸漸的，你跟家人的關係好了，工作也慢慢順了，跟父母的關係專注於愛，則事業只需無心插柳，金錢也會穩定提供，搞清楚方向之後，你會發現，當你想要錢的時候就有，不需要特別煩惱，錢都是夠用的。

人際的另外一種影響是比較麻煩的，你的家人或好友中，有墮落或匱乏的金錢觀念者，這時候，當你創造了

錢，便會造成他的墮落，在靈魂的共同協調選擇之下，你
無法創造豐富的金錢生活，因為你的有錢會造成他的墮
落。

　　你可能會覺得不公平，只是這是在你靈魂剛開始來
到這個世界便設定的重要議題，你選擇了你的父母，你可
能是靈性較高的那一方，所以你得帶領他們成長，因為你
們是兄弟姊妹（靈魂上的）。這並不牽扯痛苦與懲罰，而
是看出你真實的愛與意圖，你看出你身邊的重要夥伴的功
課，可能是父母、兄弟姊妹、小孩或好朋友，總之，是你
無法割捨的人，你因為愛與慈悲選擇來陪伴對方成長，而
對方的智慧有限，所以你得讓他們學習跟金錢的良好關
係，直到他們學會了財務關係的平衡與正確的使用，你的
功課才算完成，你的財務才開始增長，通常，到那時，你
的金錢進展會飛快，因為主要功課繳完，次要功課也不會
太為難你。

　　另外，你的人際關係也會影響你的金錢狀態，如果你
總是跟一群對錢沒有尊重與概念的人在一起，那麼物以類
聚，你也很難創造出豐富的金錢狀態。但你知道，朋友對
你很重要，或者你並沒有想要換一群朋友，那麼，請學習

好正確的金錢觀念，並且跟朋友們分享，你做為一個先學者，帶領他們一起走向豐富的生活。

 ## 金錢可以是你的好朋友

那麼，什麼是正確的觀念呢？在前面的幾位大天使們，都已經提過豐盛的內在和工作的目標等概念了。現在我要跟你分享一個新的想法，金錢可以是你的好朋友，有許多人認為，金錢是一個意識體，我覺得這個說法很有趣，萬事萬物的確都是意識的集合，力量夠強的時候便能夠顯化，這就是為什麼每個文化圈都有財神，有的是虛構的神，有的是人轉而為神，其實，這都是意識集合體。

在此我得說明一下，這裡所謂的財神，跟我們天使所代表的神的意識是不同的，我們服侍的神，來自於宇宙意識的源頭，你可以把他視為本源和唯一，現在的我們都是他的意識的延伸，財神是他意識的一部份，你也是他意識的一部份，就好像你會做夢，夢中的所有角色，都是你意識的延伸，並沒有脫離你的腦子，腦中所有的角色都是平等的。

所以，你可以跟財神做朋友，你可以跟金錢的意識做朋友。讓我們來換位思考，如果你是金錢的意識，你喜歡什麼樣的朋友，你想要如何被對待，你想要有什麼樣的朋友。

有些人總是抱怨沒有錢，總是抱怨賺錢辛苦，拿到錢之後，又隨意揮霍，不在乎用錢來豐富自己的生活，只是一味的要求錢來到自己身邊。我想，你是錢，你也不會喜歡他的。

金錢照顧那些用錢來豐盛生活和創造價值的夥伴，特別是那些充滿感恩的人，他們經常回頭對金錢說：「因為有你，我的生活更美好了。」金錢自然更願意對他們好。

金錢接近那些有豐富內在品質和生活態度鮮明的人，做為一個人，我們都喜歡接近善知識，接近溫暖的人，接近有美好生活感的人，有時，一個人只是很會唱歌或很會寫字，擁有一項技能，都會讓很多朋友想要接近他，金錢也是這麼想的，你總有一樣好處或才能，讓它來接近你，然後，你善待它，它就更喜歡你了。

　　這邊做最後一個提醒，做為一個朋友，不會喜歡被限制和關在房子裡的，所以，把金錢鎖在保險櫃，深怕它去交別的朋友的方式只會把錢嚇跑，不要緊鎖錢，那是匱乏的表現，要善用錢，豐富你的生活，讓金錢覺得它對你的生命充滿了意義，它就會自然地來到你的身邊，來了又走、走了又來、循環往復、毫不間斷。

　　謝謝你的聆聽與陪伴，我是你的好朋友，大天使拉貴爾。

大天使拉貴爾建議你思考的議題

1. 你是否有重要的關係人處於匱乏的意識中，你要如何幫助他或應對？
2. 你是否有跟好的金錢觀念的人做朋友，或者，你是否用好的金錢觀念去影響朋友。
3. 金錢對你來說是什麼呢？
4. 如果金錢是一個意識體，你會如何對待他呢？

class 13

大天使薩基爾

發現神聖秩序與聆聽內在真實的聲音

大天使薩基爾 Zadkiel
注意神聖秩序
你的選擇即是你的體驗

主講：大天使薩基爾（Zadkiel）

大家好，我是大天使薩基爾，代表神的公正，說明上帝的恩典，教導著上主的慈悲。

關於金錢靈氣，金錢的祈禱，對於豐盛的想望，你們都可以經常祈求，甚至運用各種方法來達成賺錢的目標，在神的世界中，沒有事情是不被允許的，或者說，不被允許的事情根本不會發生，比如，以目前的人類的型態來說，長出翅膀或是在水中呼吸的鰓是不存在的，此即不被允許，但往根本說，這件事情也沒有完全被禁止，在將來，你們經由人體的基因工程，創造出翅膀或能在水下呼吸的肺的可能性，仍然是存在的，只是你們可能會先遇到關於社會的道德批判，或是藐視生命的壓力。

回歸正題，關於金錢，也是一樣的，任何得到金錢的方法和可能都是存在的，但宇宙中擁有正義的「神聖秩序」，擁有一種神聖的平衡，任何你給出去的最終會以不同的形式回到你的身上來影響自己。

當你賺錢的方式是透過豐富的生活和做自己喜歡的事

情，就是在跟這個世界表達愛自己並以此而獲得金錢的幸福感，那麼就會越來越多的人如同你一般的邁向幸福，你創造了一個幸福的社會。

反過來說，如果你用掠奪、欺騙或搶劫的方式來賺取金錢，你就是在跟這個世界說，這個方式賺取金錢是合理的，那麼就會越來越多的人跟你一樣去搶奪金錢，你創造了一個人吃人、人傷人的世界。

這便是神聖秩序，你的世界由你們中的每一個人的每一個舉動共同創造，雖然說，你一個人沒辦法立刻改變世界，但如果連「從我開始」的想法都沒有，這個世界就不可能改變，你就不可能體驗你想像中的美好世界。

請用善的念頭和方式去進行

我們大天使所提供給你關於善的想法或做法，是根據我們對你們的了解，你們想要過得更幸福、更平安、更快樂豐富，而不是活在恐懼、緊張和受傷的世界中，所以我們提供給你的方法是創造善的循環。這不代表神阻止了所

謂「惡」的創造，而是因為你們的集體願望偏向「美好的世界」。

　　所以，關於金錢靈氣的祈禱，關於賺錢這件事情，請用善的念頭和方式去進行，請金錢以有益於你的方式出現，請讓金錢豐富你的生活，而不是撩撥你的慾望或恐懼，請金錢在任何你真確需要的時候出現在你的生命中，而不是無時刻貪婪的囤積與沉溺在數字的增加中，那對豐富你的生活可能沒有效果。

　　請對自己做一個檢討，對這個檢討保持慈悲，不需要過度的苛責和自我攻擊，只需要誠實的面對自己，人類在犯錯這件事情是行家，但犯錯對上主來說並不存在，因為所有的創造都是體驗，體驗沒有對錯，所以所謂的犯錯，是指以你的願望而言，你做了相反的事情，比如你想要平安的人生，但是你卻詐騙了別人的存款，那你不就時時刻刻的活在被發現或被索回的恐懼中，你也活在可能被另一個人欺騙的恐懼中，這違背了你想要的平安，所以這是錯的。

　　請檢討你是怎麼樣獲得金錢的，有沒有對得起自己

和這個世界，有沒有安心地賺錢，你賺錢的方式如果換位思考，你是付錢的人，是否會覺得你值這個價錢。神的公正不是指神有義務或道德的審判，而是指你所做的事情有一個神聖秩序存在，以一種能量平衡的方式來回饋自己。用一句你們通俗的話語來說，就是「你對得起你賺的錢嗎？」「你對得起給你錢的對象嗎？」這個只有你自己心裡知道。

　　當然，檢討也可以是向內的，你賺這個錢對得起你自己嗎？你做這件事情賺錢你真的覺得快樂嗎？你賺錢的方式是否更接近自己的人生目標或功課？還是你只是在打混人生。（打混人生如果你喜歡也是可以的，無須過度自我批判。）檢討結束之後，花點時間修正自己的行為，或調整目標，讓自己更接近自己的心。

　　接著，在此堂課中，你們要學習聆聽，聆聽來自內在的聲音，聆聽來自上主的訊息，聆聽自然的法要，聆聽內在從愛中創造的訊息，金錢是你的朋友，也可以是你的僕人，替你服務，完成你的願望。而唯有你能夠真切的了解自己的內心，聆聽自己的願望的時候，你才能夠真正的善用金錢。

　　如果你無法立刻的確知自己的內心，你就可以觀察你的生活與周遭，記住，這些功課並沒有完成期限，你不需要過度著急，慢慢來，去逛街、去旅行、去探訪，去看看這個世界的各種樣貌，去找出讓你內在悸動的元素，你也可以找朋友聊聊、看電影、看傳記、看名人採訪，來看看是否用別人的意見可以提供你參考，然後，漸漸地你清晰了你的方向，做自己真正喜歡的事情，順心而為去賺取你需要的金錢。

　　對於金錢的功課與金錢靈氣，不需要抱持著學好立刻會的想法，人類是需要學習並且在體驗中感受這個世界，藉由不斷的思考與修正，接近自己的心，讓自己越來越完美。你有無限的時間，所以，不用緊張。

大天使薩基爾建議你思考的議題

1. 你用什麼方式賺錢呢？你賺錢對得起你自己
   嗎？你用這個方式賺錢你真心覺得快樂嗎？

2. 你賺錢的方式是否更接近自己的人生目標或
   功課？

3. 你能夠聆聽自己內心的真實的聲音嗎？不行
   的話，請去找尋方法，確認自己做任何事情
   的時候，能夠聽到自己內在的聲音。

class 14

大天使烏列爾

運用知識，善用天使，
幫助你美好人生

XIV

大天使烏列爾 Uriel

充實自己的知識與技能
做為賺錢的能力基礎

主講：大天使烏列爾（Uriel）

你們好，我是神聖的大天使烏列爾，代表著神之光，有時也會以火焰的形式來表現我的形象，對我而言，光明和火焰是我的本質，燃燒自己照耀世間，從我的天使自性中源源不絕地散發能量，使我的光明能長久的照耀人間，永不停歇。

有時，我以人類的樣子出現，做為你們的引路人，帶領你走向光明，我以傳承各種知識與智慧聞名，所以，我的畫像經常以拿著書本的樣子呈現，那是我給畫家的心靈感通，也是我喜歡呈現的樣貌之一。

金錢靈氣，備含了三種知識，包括金錢的本質、靈氣的本質和賺錢的知識。

金錢是人類交易的工具，它可以以許多方式呈現，金幣、銀幣、銅幣、鈔票，到現在，你們已經把它變成系統上的數字象徵，當你想要某個東西的時候，你就會有公認的金錢價值來換去，金錢的本質是計算價值的工具，在某個層面上，它不具有主體意識，純粹是方便你的溝通的工

具罷了。

　　靈氣的本質，是天地中各種能量的表達。在集體意識中，有許多種不同的能量集團，這些能量團，具備不同的功能，當你有所需要，就將你的意識連接到某個能量團，下載或運用這些能量團幫你達成你的目標。而金錢靈氣是其中一種能量團，當你需要的時候，可以藉由祈禱或天使幫忙連結該能量，以幫助你解決能量上的問題或生活中的煩惱。

　　對於以上兩者本質的了解，會幫助你客觀地看待金錢和靈氣，它們並不需要你用崇拜或恐懼的心情去對待，而是擺在你面前的工具，如果你想學習使用，你便可以試著連結，如果你沒有使用需求，那麼過好你的生活，不需要擔心。

　　當然，幾乎所有的人都需要使用金錢，做為生活中各種需求的交換物，金錢是現代人不可或缺的工具。但還是要提醒你，很多人世間的體驗的並不需要金錢去交換，比如，你也可以用勞力去換父母的笑容、用愛去獲得關注、用爬山去看這個世界、用表演來換取掌聲，這些都不用金

錢做為中介，也請不要把你生活中所有的一切都數字化，
這會把你的世界弄成像一台機器人，毫無神性可言。

　　不過，仍然有許多東西或事情需要用到錢，所以你
需要賺錢的知識，這包括兩種，你個人的專業技能和各個
時代不同的投資工具。簡單來說，技術越專業、越精粹，
能夠換取更高的金錢，所以，可以的話，請精進你個人的
專業技術，另外，用投資來換取金錢的話，請精進投資概
念與能力，比如你們中的某些人，以投資股票維生，則需
要注意各種趨勢和市場的變化，你也可以投資房產或藝術
品，這些都是可以賺到錢的方法，記得好好學習，我稱為
知識天使，代表純理性的概念，賺錢或投資，一向都是純
理性的事情，請嚴肅對待。

引導你走向正確道路

　　雖然說精進技藝讓自己更有賺錢的能力是一件理所當
然的事情，這似乎只跟你個人的努力有關，但如果你有需
要，仍然可以請我們大天使幫忙，我們至少有兩件事情可
以幫助你，在適當的時候獲取靈感，在你的行業中遇到好

的老師或同伴。

在之前的時代，有許多科學家，擁有很理性的頭腦，但他們仍然相信神，並且會跟神祈禱，這時，我們會奉命在適當的時候給與訊息或靈感，通常是藉由夢境，有時候也會化身成另一個人或物的形象，啟發科學家，牛頓就是靠著神聖的蘋果開啟了數學和物理學的新世界。所以，如果你需要工作訊息或技能精進，請跟我們祈禱，我們會透過靈感、事件訊息、人為傳遞或夢境等方法，適時的幫助你。

有時，夢中的訊息有限，你需要的是人際的緣分，我們會適時把好的老師、長官或同事帶到你的身邊，讓你們有緣相見。比如學習神祕學，你需要一位好的老師，才能夠獲得正確的觀念和知識，你可以跟我們祈禱，讓適合你的老師出現，引導你走向正確道路，也就是說，我們天使可以幫你少走彎路。

在此補充找尋好老師的方法給你，首先，這位老師知道自己的本心或知道自己的連結和來源，這是最上乘的老師。接著，這位老師技術純熟，懂得自己工具或技能的價

值，能夠合理的判斷價格以幫助你換取適當的金錢，這是
中乘的老師。最後，這位老師能夠引導你了解工具，帶領
你發現自己的才能，引發你的興趣，讓你在學習上沒有障
礙，這是基層的老師。至於下乘的老師，則只是為了賺錢
去學習工具，在乎的就是變現，生活中除了錢沒有別的好
談的，如果你遇到了，就單純去繳個學費，學個工具，記
住，學完一個階段之後就可以離開了，不要陷入在被剝削
的圈套中。

大天使烏列爾建議你思考的議題

1. 你是否擁有能賺錢的專業技能？
2. 如果培養一種專業技能用以賺錢，你會選擇
   什麼呢？
3. 請練習祈禱，讓善緣進入到你的生命中。

class 15

大天使加百列

分享自己，教導他人，創造豐富

XX

大天使加百列 Gabriel

分享經驗　助人助己

主講：大天使加百列（Gabriel）

親愛的朋友們，歡迎來到本次學習的課程：「創造美好人生」。

大天使加百列是最早成為你們體驗到的天使意識之一，跟大天使米迦勒、大天使拉斐爾成為三位一體的存在，分別代表愛（拉斐爾）、智慧（米迦勒）與力量（加百列），以此，可以做為你生命的參考，做任何事情的時候，相信自己是有愛、有智慧與有力量的。

當我們擁有足夠的知識與智慧，充分的了解自己的人生目標的時候，你就能夠善用金錢，創造豐富人生。藉由學習和體驗，你會漸漸清楚自己的目標，因此，前面的十四堂課，如果你有慢慢的找尋自己內在的聲音，你應該能夠引導出一條屬於你的光明大道，如果真的對目標還不明確，就請你至少做到這件事情，盡可能的去豐富你的人生，豐富各種體驗，藉由跟不同的人交朋友，藉由自己的眼睛去看這個地球，藉由自己的雙腳去踏足盡可能多的領域，漸漸地你會發現，豐富的人生即是你的目標，在很多時候，靈魂的需求是體驗，你的體驗越多越豐富，靈魂便

越開心，越會安排新奇和快樂的體驗給你，這是一個正循環。

當你真正的走向豐盛的生活與內在的愉悅的時候，你會成為一個接近天使頻率的人，你就開始也在成為大天使的道路上，所以可以的話，請去分享你從我們這裡得來的智慧與喜悅，你可以藉著生活的示現，也可以寫文章或錄影片，多元的表達自我，然後告訴身邊的人：「如果你想要，你也可以。」

每個人擁有不同的秉性

在這個世界中，證明你擁有的方法是去分享，一個人說自己有智慧，他得去宣說智慧，才代表他擁有；一個人說他熟練技能，他得去創造實蹟，才代表他熟練；一個人說他快樂，他得表現開朗的笑容，如果他每天苦著臉，然後說他快樂，你相信嗎？連他自己都不會相信的。所以，任何你所擁有的，最後都會表現在這個世界中，影響所有人，最後回饋到你所看到的世界，回饋到你的內心。

　　所以，從今天起，如果你從大天使的連結中受益，如果你從金錢靈氣中獲得幫助，如果你從個人的生命實踐中感到踏實，請去分享或教導你身邊的人，讓他們也成為下一個天使的儲備人員，真正的大天使是讓更多的人成為天使，真正擁有愛的人，是讓更多人體驗到愛。

　　如果你有這個想法或決心，分享或教導他人，那麼，這個章節，我可以分享給你我的經驗與智慧。每個人都擁有不同的秉性與目標，擁有選擇的權力，因此，關於分享，你不需要勉強別人接受，如果一個人相信世界是苦難與悲慘，那麼他也會如此體驗，或許這是他靈魂想要的，你不需要勉強他。你只需要分享給那些願意接受你觀念，並想要擁有你類似體驗的人群。

　　而如果你想要做的是進一步的教導或共造體驗，那你要做的是了解自己與了解對方，每個人擁有不同的秉性，每個人的自我實踐都不同，如果你是個性格溫和的人，而對方需求嚴格的老師，那你可能不適合他，你需要讓更適合他的老師去引導他進入天使的世界。如果你是藉由咖啡技能獲得金錢回饋的人，而對方是適合服務業才能獲得金錢的人，你應該讓他去找更適合他的師父。

不過，有些事情是很根本的，對任何人都能分享也都該宣說，這堂課程，關於「豐盛」就是其中之一。將你認知的豐盛是什麼分享與他人，告訴他，你的生命即是豐盛，你體驗到的一切都是豐富的創造，如果你願意，你也可以是創造者之一。

大天使加百列建議你思考的議題

1. 你在生活中表達的是恐懼還是豐盛？
2. 你願意分享自己的豐盛感受以豐盛世界嗎？那麼你是怎麼分享的？
3. 你是否有做到尊重別人的自由意志？
4. 你是否有向這個世界表達著，你是豐盛的個體呢！

【附錄1】
金錢靈氣許願顯化卡使用説明

　　金錢靈氣許願顯化卡是一種特別的工具。它結合了金錢靈氣的顯化符號和生命之花的圖騰，通過獨特的能量調頻合一來增強顯化效果。生命之花圖騰是一種神聖符號，能夠連接宇宙的創造力量。即使我們還未接受金錢靈氣點化，通過積極的思維和感恩的心態，以及與宇宙神聖能量的連接，我們仍能夠創造出充滿豐盛和喜悅的能量。金錢靈氣許願顯化卡旨在幫助人們實現他們的願望。以下是一些使用這些卡片的建議：

1. 設定意圖

　　在開始使用金錢靈氣許願顯化卡前，先明確你想要實現的目標或願望。這個意圖應該是具體、積極的，並且真正代表你的深層願望。例如：您可以寫下「我在下個月內有一份高薪的工作（例如8萬~10萬）」而不是「我希望賺更多的錢」。

2. 選擇卡片

每款金錢靈氣許願顯化卡都有不同的主題和顏色，因此請根據您的需求選擇最合適的卡片。例如：如果您希望增加財富，可以選擇代表金錢的金黃色許願卡。

3. 視覺化

使用卡片輔助進行視覺化練習。閉上眼睛，設想自己實現目標的場景，感受其中的情感和細節，盡可能讓這個場景生動起來。

4. 信念加強

想像自己已經實現了這個願望，體會那種感覺。加強你對這個願望成真的信念。信念是顯化過程中的關鍵因素。

5. 將卡片融入日常生活

無論您在家中、辦公室還是旅途中，都可以方便地攜帶和使用這些卡片。將它們放在顯眼的地方，以便隨時提醒自己關注願望。

6. 與他人分享

與家人和朋友分享您的許願卡，讓他們知道您的目標和願望。他們的支持和鼓勵可能會幫助您更快地實現目標，不僅能獲得支持和鼓勵，還可以

加深你對自己願望的承諾。

7. 採取實際行動

金錢靈氣許願顯化卡可以提供動力和靈感，但最終需要你將願望轉化為實際行動。確定可以採取哪些實際步驟來接近你的目標，並開始執行。

8. 持續使用

定期使用金錢靈氣許願顯化卡，比如每天或每週，以保持對目標的聚焦和動力。這有助於你保持在正確的軌道上，直到你的願望實現。

9. 感恩與記錄

在實現願望的過程中，保持一顆感恩的心，感謝宇宙為你送來的每一個積極的信號和幫助。同時，記錄下你的進展和體驗，這可以幫助你保持積極的心態並調整策略。

10. 靈活調整

在使用金錢靈氣許願顯化卡的過程中，如果你發現需要，不要害怕調整你的目標或方法。靈活性和開放性是顯化過程中的重要元素。

11. 正面接收

準備好接受來自宇宙的禮物。當你的願望開始實現時，用積極的態度和開放的心去接受它們，相

信一切都是為了你最高的利益。

12. 持續學習

每次顯化過程都是一次學習和成長的機會。無論結果如何，都從中吸取經驗，這將幫助你在未來的顯化中做得更好。

13. 保持耐心和毅力

實現願望需要時間和努力。不要期望立即看到結果，而是保持耐心和毅力，相信自己最終會實現願望。

總之，通過以上步驟，你可以有效地使用金錢靈氣許願顯化卡來澄清你的目標，增強信念，激發靈感，並採取必要的行動來實現你的夢想。顯化是一個既需要內在工作，也需要外在行動的過程。請記住，這些卡片是協助您的工具，真正的力量來自於您的信念、專注和行動。祝您心想事成如您所願！

 ## 金錢靈氣許願顯化卡介紹

金錢靈氣許願顯化卡是一種激發個人潛能和實現目標的方法。以下是一些具體的使用策略，幫助最大化這些卡

片的效果：

1. 金黃色——金錢許願顯化卡

使用時機： 適合在財務規劃、投資決策或尋找增加收入管道時使用。

視覺化練習： 在安靜的環境中閉上眼睛，想像自己已經實現了設定的財務目標。感受那份成就和滿足，這種正面情緒會增強你實現目標的動力。

感恩日誌： 每天寫下至少三件與金錢相關的感恩事項，如感謝有穩定的收入源，這可以增加你的財富吸引力。

2. 粉色——人際關係許願顯化卡

使用時機： 在感覺社交障礙、職場人際關係緊張或尋求更多社交活動時使用。

社交技巧提升： 參加工作坊或閱讀書籍來提升你的交際技巧，這樣可以更容易地與人建立和諧的關係。

主動出擊： 不要等待別人來建立聯繫，自己主動去結識新朋友或與舊朋友重新聯繫，這有助於快速改善和擴展你的社交網路。

3. 綠色──健康許願顯化卡

使用時機：在開始新的健康習慣、恢復期或需要增強體能以應對生活挑戰時使用。

身體健康：設定的目標可能包括增強體質和提高精神狀態的穩定性。通過制定具體的健康計畫和目標，以改善健康和福祉。

進行心理健康照護：進行冥想、正念練習或尋求專業心理諮詢，以改善情緒管理並降低壓力水準。

4. 紫色──工作與智慧許願顯化卡

使用時機：在職業轉換期、求職過程或需要解決工作中的具體問題時使用。

終身學習：投資於個人發展和職業技能的提升，如參加線上課程或研討會。這不僅有助於保持競爭力，還能開拓新的職業機會。

提升溝通技巧：通過學習如何更有效地表達自己的觀點和聆聽他人的意見，可以改善與同事和客戶的互動，提高工作效率。

時間管理：優化工作和生活的平衡，通過有效的時間管理技巧，如使用時間管理工具或方法，確保高效完成工作任務，同時保留足夠的時間用於個人發展和休息。

金錢靈氣許願顯化卡使用建議

環境布置：將這些許願顯化卡放在可以看到的地方，如工作桌上或臥室內，這樣可以經常提醒自己保持對目標的關注。

定期檢視：定期回顧許願顯化卡上的目標，並根據實際情況進行調整。

積極行動：雖然這些卡片旨在幫助顯化願望，但實際的行動是必不可少的。結合現實行動來達成目標。

心態調整：保持積極的心態，相信每一個願望都有實現的可能。

金錢靈氣許願顯化卡與大天使豐盛卡的搭配使用

金錢靈氣許願顯化卡與大天使豐盛卡的結合使用，可以增強個人在財富顯化方面的聚焦和意圖，為使用者帶來更加深入和具體的指導和能量。以下是詳細的步驟和注意點，幫助你更好地利用這兩種牌卡：

1. 準備階段

清潔和淨化你的空間，創造一個安靜、舒適的環境，可以點一些香薰或播放輕柔的音樂。這有助於提高連接天使能量的效果。將你的金錢靈氣許願顯化卡和大天使豐盛卡放在桌面上。

2. 設定目標

在心中明確你關於金錢和豐盛的具體目標。比如，你可能希望提升自己的收入，找到新的投資機會，或是改善財務狀況。

可以將你的目標寫在金錢靈氣許願顯化卡，這樣可以更加明確你的意圖。

3. 每日抽卡

每天早上，首先抽出一張大天使豐盛卡。這張卡將代表你一天的能量和指引。然後，根據你當天的焦點（例如金錢），選擇相應的金錢靈氣許願顯化卡，並將其放置在塔羅卡的上方。這樣可以請求天使的守護，幫助你達成願望。

花一些時間冥想這兩張卡的組合資訊，感受這資訊對你的意義以及它如何引導你實現目標。

4. 日常反思與應用

在日間，隨時回顧早上的牌卡，並考慮它們如何

影響你的決策和思考。

嘗試根據牌卡的指引來調整你的行為和思維模式，特別是與金錢相關的決策。

5. **問題解答**

當你遇到具體問題時，可以通過抽卡來尋求答案。先在心中默念你的問題，然後隨機抽出一張牌，解讀牌意以獲得指引。

6. **冥想與肯定**

使用牌卡中的圖案和象徵作為冥想的焦點，或者用牌上的圖像和關鍵詞來創建肯定語句，增強你的信念和意圖。如「我信任宇宙為我提供所需的一切」或「我值得豐盛和成功」。

7. **記錄和回饋**

建議每天記錄下抽到的牌卡和解讀，以及當天的感受和進展。這樣可以幫助你追蹤自己的成長和變化。

定期回顧這些記錄，同時調整你的目標和策略。

8. **感恩與分享**

在實現願望後，記得表達感激之情，並考慮如何將所得到的豐盛和愛分享給其他人

實踐感恩，感謝宇宙和天使的指引和支持。

當你體驗到豐盛時，考慮回饋社會，無論是通過慈善捐贈、志願服務或其他方式。

這種搭配使用的方式，你可以更有效地利用金錢靈氣許願顯化卡與大天使豐盛卡，不僅可以增強個人的直覺力和意識，也能在日常生活中實踐天使的指引，促進個人在生活的其他方面帶來平衡和豐盛。

記得，這些牌卡工具雖然有用，但最重要的還是你自己的行動和信念。

 ## 金錢靈氣許願顯化卡與大天使豐盛卡關鍵事項

金錢靈氣許願顯化卡與大天使豐盛卡，確實需要注意以上提到的幾個關鍵事項。以下是對這些注意事項的進一步解釋和建議，以幫助你更有效地使用這些工具：

1. 信念與行動的結合

金錢靈氣許願顯化牌卡能夠增強你對目標的信念

和專注,但它們不能代替你的實際行動。設定具體、可行的行動計畫,並堅持執行,是實現目標的關鍵。

2. 保持開放和靈活的態度

在使用金錢靈氣許願顯化牌卡時,保持積極樂觀的心態非常重要。同時,對於結果要保持一定的靈活性,理解有時結果可能與你預期的不同,這也可能是宇宙向你展示的另一種方式。

3. 避免負面願望

確保你的願望是建設性和正面的。寫下或念出希望他人遭受不利的願望,不僅違背了金錢靈氣許願顯化牌卡的宗旨,也可能對你的個人能量產生負面影響。

4. 感恩與認可自己的價值

在實現目標的過程中,對每一個小成就表示感激。這種感恩的態度可以增加你的正能量,吸引更多的好事發生。

同時,認識到自己的價值和成長同樣重要。即使結果尚未顯現,也要感恩和認可自己價值,可以更好的維持積極心態,應對挑戰並持續向著目標前進。

5. 定期評估與調整

定期回顧你的進展，看看哪些方法有效，哪些需要改進。根據情況調整你的目標和方法，保持適應性和靈活性。

6. 分享與回饋

當你實現了某些目標後，考慮將你的知識和經驗分享給他人，幫助他們也能通過金錢靈氣許願顯化牌卡達到自己的目標。

同時，找到方式回饋社會，這不僅能幫助他人，也能增加你的豐盛感。

通過遵循這些指導原則，你可以更有效地利用金錢靈氣許願顯化牌卡作為達成目標的工具，同時確保整個過程是積極和充實的。記住，金錢靈氣許願顯化牌卡是一種輔助工具，真正的變化來自於你的內在信念和外在行動。

為了創造和顯化金錢與豐盛，金錢靈氣許願顯化卡和大天使豐盛卡是一個非常有力的輔助工具。通過結合金錢靈氣，在最高至善之下，能更有效地提升金錢能量並促進願望的實現。

【附錄2】
大天使豐盛卡使用說明

　　《金錢靈氣：來自大天使的15堂豐盛課》已經來到了書的尾聲，我們獻上誠摯的祝福，希望你可以藉由此書的觀念，得到豐盛的意識。

　　為了加強學習者們可以跟大天使連結，並與自己的內在連結，我們創作了「大天使豐盛卡」，運用塔羅牌大阿爾克納22張牌的結構，除了豐盛課上的15位大天使外，另外加入了5位大天使和耶穌、彌賽亞兩位角色，讓整體意識能更加提升。

　　此「大天使豐盛卡」，用直白的語言，說明你現在的狀態，也可能是提醒你需要注意的觀點，也提供你在心靈意識上的建議，你可以用在詢問問題之後，抽一張卡的方式來冥想大天使並理解這張牌所提供你的訊息。

　　提供你提問的方式：

　　1. 針對我目前的金錢課題，請提供我一張建議。
　　2. 關於豐盛的意識，請大天使們提供我意見。

3. 針對XXX（事件或人物），請大天使提供我思
　考的方向與建議。
4. 我應該進行某件事嗎？

　　當然，提問的方式很多，但大天使豐盛卡並不常使
用牌陣，而比較偏向於當下心靈的指引，至於未來，是每
個當下連結起來的永恆，所以，你也可以選擇每天抽一張
牌，或一段時間抽一張牌，給予你在每個時刻靈性生活的
提醒與方向。

　　最後，除了原本已經有出現講解課程的15位大天使
外，另外有7張牌，我也提供你解說的可能，提供你自己
檢視的方向。

0號牌，耶穌（Jesus）：
回歸自性，找回神性與快樂

　　在天使數字的概念中，0是屬於上帝的數字，也是回
歸的數字，耶穌是成道的聖子，由他做為此牌的代表，說
明你現在重要的是「歸零」，可以藉由流浪或放下，把世
俗的煩惱給拋開，可以去上課、冥想或找個旅程發呆，總
之，不要再從事舊的輪迴了，找回自己內在真正的快樂，
那是你本來就擁有的神性。

I 大天使聖德芬（Sandalphon）：
你的體驗由你創造

II 大天使沙法爾（Zaphkiel）：
靜心向內，理解生命的意義

　　大天使沙法爾，代表「神的守護者」，同時，在卡巴拉生命樹中掌管「理解」的球體，代表洞悉的能力。抽到這張卡，說明大天使希望你學習靜定向內的能力，首先是理解、同理，一切都有因緣的安排，事件的發生有一條生命之流在推進，請看出流動的發展，看出未來可能的答案，你才能做出清晰的選擇。在你還未能清晰的看到答案之前，請保持距離觀察，守護自己純然的善意與能量，妄動可能會破壞本來的能量平衡，造成你不想承擔的未來。

III 大天使夏彌爾（Chamuel）：
專注所愛，創造豐盛

IV 大天使耶胡迪爾（Jegudiel）：
專注你的工作與目標，你將會得適當的報償

　　大天使耶胡迪爾，代表「神的讚美」，祂的形象通常是拿著王冠，守護那些努力工作並承擔領導地位的人。抽到這張卡，提醒你，專注工作與目標，堅持正確的道路，不久的將來，你將會獲得成長與犒賞，當然，比起成就更

重要的事情是承擔，所謂「能力越大、責任越大」，你的努力除了造福自己之外，還能照顧身邊的夥伴與眾生，還有可能，幫助身邊的朋友靈性覺醒。

V 大天使拉貴爾（Raguel）：
找到貴人，請他給你幫助或建議

VI 大天使約菲爾（Jophiel）：
豐盛自己，並跟好的靈魂相遇

VII 大天使亞列爾（Ariel）：
找到天命，創造富足

VIII 大天使耶利米爾（Jeremiel）：
面對你的財務困境，並決心改變

IX 大天使拉吉爾（Raziel）：
發現靈魂劇本，注意成長過程中的各種訊號

X 大天使麥達昶（Matatron）：
鎖定目標，祈禱並讓天使為你創造機會

XI 大天使薩基爾（Zadkiel）：
注意神聖秩序，你的選擇即是你的體驗

XII 大天使拉斐爾（Raphael）：
請更新你的理財模式

XIII 大天使艾瑟瑞爾（Azrael）：
學會斷捨離，找到對的金錢模式

XIV 大天使烏列爾（Uriel）：
充實自己的知識與技能，做為賺錢的能力基礎

XV 大天使路西法（Lucifiel）：
小心陷阱！你是否為了金錢交換了你的靈性本質

　　路西法是最早的天使長之一，代表「神之晨光」，是光之使者。通俗上來說，我們知道祂成為墮落天使，但其實，晨光從最深的黑夜而來，沒有黑暗的對比，哪有光明的璀璨，光與暗本為一體。抽到這張牌，提醒你，看似光明的另一面，可能蘊含著黑暗的交換，對於高靈的世界而言，我們唯一能交換出去的是我們的靈性本質，所以要注意自己的道德、品行，愛惜自己，選擇正確的道路，路西法的出現，提醒我們，再想一下：「確定你不是在玩交換的遊戲？」

XVI 大天使沙利葉（Sariel）：
接受改變，重新開始或許是好事

　　當大天使沙利葉出現的時候，通常帶來改變與結束，相傳祂能來往天人地三界，因此，祂能將摩西的靈魂從地

獄帶往天堂。抽到這張卡，代表某些破壞即將產生，當舊有的道德或觀念已經不適用，徹底推翻過往，離開現在的處境，走向新的未來，或許會是好的選擇。

XVII 大天使雷米爾（Ramiel）：
給自己一個願景，許願並讓天使陪你完成

雷米爾是代表希望的大天使，當你有想要達成的靈性願景，或願意接受天使的引導之時，向祂祈禱，祂便會帶你披荊斬棘，走向靈性的未來。所以，也有說，祂代表「神的雷霆」，快速的為你打開視野，讓你看見正確的方向。

XVIII 大天使漢尼爾（Haniel）：
請改變心念與情緒，導正錯誤的用錢邏輯

XIX 救世主彌賽亞（Messiah）：
豐富人生體驗是你的任務

彌賽亞是救世主的象徵，上帝會派適合你的彌賽亞來幫助你完成任務，當然，耶穌也曾以彌賽亞的身分出現，但彌賽亞並不是單指某個人。抽到這張牌，你要意識到，真正的彌賽亞是自己，能夠豐富你的人生的只有你自己，

雖然，大天使可以陪伴你、幫助你，但唯有讓自我的靈性覺醒，才能夠真正的活出喜悅與光明，真正的大天使成就大天使，而你，該幫助自己、引導自己，成為一名人間的天使，而這第一步，便是豐富自己的人生體驗。

XX 大天使加百列（Gabriel）：
分享經驗，助人助己

XXI 大天使米迦勒（Michael）：
你本就豐盛具足

金錢靈氣

作　　　者—白靈聖芬、子玄
主　　　編—林菁菁
企　　　劃—謝儀方
封面設計—楊珮琪、林采薇
內頁設計—李宜芝
牌卡設計—陳宣予

總 編 輯—梁芳春
董 事 長—趙政岷
出 版 者—時報文化出版企業股份有限公司
　　　　　108019 台北市和平西路三段 240 號 3 樓
　　　　　發行專線—(02)2306-6842
　　　　　讀者服務專線—0800-231-705・(02)2304-7103
　　　　　讀者服務傳真—(02)2304-6858
　　　　　郵撥—19344724 時報文化出版公司
　　　　　信箱—10899 臺北華江橋郵局第 99 信箱
時報悅讀網—http://www.readingtimes.com.tw
法律顧問—理律法律事務所 陳長文律師、 李念祖律師
印　　　刷—勁達印刷有限公司
初版一刷—2024 年 9 月 13 日
定　　　價—新臺幣 600 元
（缺頁或破損的書， 請寄回更換）

時報文化出版公司成立於一九七五年，
並於一九九九年股票上櫃公開發行， 於二〇〇八年脫離中時集團非屬旺中，
以 「尊重智慧與創意的文化事業」 為信念。

金錢靈氣 / 白靈聖芬, 子玄著 . -- 初版 . -- 臺北市 : 時報文化出版企
業股份有限公司, 2024.09
　面；　公分
ISBN 978-626-396-560-7(平裝)

1.CST: 靈修 2.CST: 能量 3.CST: 金錢

192.1　　　　　　　　　　　　　　　　　　　113010288

ISBN 978-626-396-560-7
Printed in Taiwan